Impressum

Math. Lempertz GmbH
Hauptstraße 354
53639 Königswinter
Tel.: 02223-900036
Fax: 02223-900038
info@edition-lempertz.de
www.edition-lempertz.de

Genehmigte Sonderausgabe für Weltbild GmbH & Co. KG,
Werner-von-Siemens-Str. 1, 86159 Augsburg

© 2021 by Mathias Lempertz GmbH, Königswinter

Alle Rechte vorbehalten. Ohne ausdrückliche Genehmigung des Verlages
ist es nicht gestattet, das Buch oder Teile daraus zu vervielfältigen oder auf Datenträger
aufzuzeichnen. Dieses Kochbuch wurde nach bestem Wissen und Gewissen verfasst. Der
Verlag trägt keine Verantwortung für ungewollte Reaktionen oder Beeinträchtigungen,
die aus der Verarbeitung der Zutaten entstehen. Für Schäden, die bei der Zubereitung der
Gerichte an Personen oder Küchengeräten entstehen, wird keine Haftung übernommen.

Projektleitung und Lektorat: Annemarie Ulrich

Texte: Susanne Mittag

Layout/Satz: Kerstin Pfeiffer

Gesamtherstellung: Print Consult GmbH, München
Printed and bound in Slovenia

ISBN: 978-3-96058-373-8

Bildnachweis
Umschlag Vorder- und Rückseite: ©Adobe Stock

©Adobe Stock: womue, Barbara Pheby, HLPhoto, TwilightArtPictures, tstock, Yvonne
Bogdanski, Brigitte Bonaposta, kellyvandellen, Klaus Eppele, Carmen Steiner, Daorson,
eyewave, D. Ott, Florian Kunde, Christian Jung, Marina Lohrbach, PhotoSG, Africa
Studio, by-studio, Lsantilli, Printemps, Richard Griffin, ksena32, Marmel, kathrinm,
HandmadePictures, ojl, Dar1930, photocrew, Andrey Starostin, tashka2000, anna.q, lily,
sauletas, Hetizia, Mendelex, Björn Wylezich, mates, bina79, rainbow33, denira,
unverdorbenjr, lisa870, Lilli, pikoso.kz, ExQuisine, luigi giordano, M.studio, baibaz,
pilipphoto, ji_images, 5ph, Ildi, Markus Mainka, casanisa, keng666, kab-vision,
natashamam35, elfgradost, Paweł Michałowski, norikko, Mara Zemgaliete, Nicole
Lienemann, fahrwasser, naito29, anaumenko, george3973, olyina, Lynne Ann Mitchell,
Roman Samokhin, juefraphoto, Jiri Hera, karepa, NilsZ, LiliGraphie, Sebastian Duda,
4F.MEDIA, Andrea, beats_, innafoto2017, nadin333, margo555, iMarzi, amy_lv,
oksanka8306, New Africa, NOBU, nerudol, exclusive-design, Chaded, chandlervid85,
magdal3na, lilechka75, Pineapple studio, marysckin, lblinova, Dionisvera, Andy,
yaisirichai, Svitlana, Dash, kai, Davizro Photography, mizina, Julia Sedaeva, mescioglu,
weyo, Anastasiia Malinich, Studio Gi, OlesyaSH, Olena Mykhaylova, Kamila Hyhlíková,
KCULP, GSDesign, Елена Завалко, ulada, janvier, losangela, pinkyone, kasia2003,
Yulia Furman, M.Franke, alefat, avelina_boyko, ksuksa, lakirr, John, Marek Gottschalk,
shintartanya, Kathleen Rekowski, Angel Simon, Aimee Lee Studios, wo-a-he, TYSB,
Yeti Studio, kazoka303030, Svetlana Kolpakova, vectorplus, Constanze Schacht

Selber machen

99 Rezepte ohne Fix-Produkte

LEMPERTZ

Einleitung 6

Saucenbinder & Co. 10

Saucenbinder Hähnchen 12 • Saucenbinder Schwein 12 • Gemüsepaste 13 • Gemüsebrühpulver 15 • Dunkles Bratensaucenpulver 16 • Hefewasser 17 • Backpulver 18 • Tortenguss 19 • Sahnestandmittel 19

Gewürzmischungen und -pasten 20

Kräutersalz 21 • Brotgewürz 22 • Eintopfgewürz 23 • Geflügelgewürz 24 • Fischgewürz 24 • Fünf-Gewürze-Pulver 25 • Umami 26 • Knoblauch-Petersilienpaste 27 • Rote Thaicurrypaste 27 • Grüne Thaicurrypaste 30 • Arabisches Kaffeegewürz 31

Senf & Co. 32

Weißwurstsenf 35 • Feigensenf 36 • Ketchup 37 • Gewürzketchup 38 • Mayonnaise 40 • Vegane Mayonnaise 41 • Aioli 41

Süßes 42

Pudding 43 • Zuckerglasur 45 • Früchteglasur 45 • Vanillepaste 46 • Zitronenzucker 47 • Marzipan 48

Milchprodukte & Alternativen selbst herstellen 50

Joghurt aus Kuhmilch 51 • Fruchtjoghurt 53 • Frischkäse 54 • Speisequark 55 • Ricotta 56 • Alternativen zu Milchprodukten 57 • Kokosmilch 58 • Hafermilch 58 • Mandel-Cashew-Milch 59 • Veganer Joghurt 60 • Veganer Frischkäse 60

Butter aufs Brot 62

Butter 63 • Ghee 64 • Margarine selbst gemacht 66 • Erdnussbutter 67 • Kräuterbutter 67 • Estragon-Zitronen-Butter 68 • Walnuss-Gorgonzola-Butter 69 • Chili-Tomaten-Knoblauch-Butter 70

Marmelade aufs Brot　　　　　　　　　　　　72

Gelierzucker 1:1 74 • Erdbeermarmelade mit Basilikum und
Ingwer 75 • Rhabarbermarmelade 75 • Brombeermarmelade 76
Pflaumenmarmelade 76 • Johannisbeergelee 77

Aufstriche　　　　　　　　　　　　　　　　78

Kidneybohnenaufstrich 79 • Champignonaufstrich 80 • Zucchini-
Basilikum-Aufstrich 81 • Schokocreme 82 • Fitness-Schoko-
creme 83 • Maronenaufstrich 83

Essig und Öl　　　　　　　　　　　　　　　84

Apfelessig 86 • Mediterraner Essig 88 • Himbeeressig 88
Basilikumöl 90 • Knoblauch-Chili-Öl 90 • Orangenöl 91

Grundlagen Einmachen, Einkochen　　　　92

Gemüse haltbar machen　　　　　　　　　98

Sauerkraut 99 • Kimchi 100 • Rotkohl 102 • Bohnen 103
Kürbis 104 • Gurken 105 • Soleier 106

Obst haltbar machen　　　　　　　　　　108

Kirschen 109 • Zwetschgen 110 • Birnen 111 • Äpfel 112
Rumtopf 112 • Aufgesetzter 113

Süße Erfrischungen　　　　　　　　　　　114

Johannisbeersaft 115 • Quittensaft 116 • Holundersirup 116
Zitronensirup 117 • Granatapfelsirup 118 • Limonade 119
Brausepulver 119

Teemischungen　　　　　　　　　　　　　120

Chai Tee 121 • Frischer Minztee 122 • Kräutertee 123
Apfeltee 124 • Salbeitee 124 • Zitronen-Ingwer-Tee 125
Ingwershot 125 • Cappuccinopulver 126

Einleitung

▶ Philosophisches zum Praktischen

Selbermachen boomt – Stricken, Nähen und Heimwerken sind wieder in und auch in der Küche wird fleißig gekocht und gerührt. Woher kommt dieser Trend zum Selbermachen? Warum wird Zeit und Geld investiert, wo es doch im World Wide Web eigentlich alles zu finden und zu kaufen gibt? Einige Klicks und ruckzuck ist alles im Paket, kostenfreie Rücksendung bei Nichtgefallen inklusive. Bequemer geht's doch nicht, oder?

Immer mehr Menschen scheinen aufgeweckt durch den fortschreitenden Klimawandel. Es geht ihnen nicht mehr nur vorrangig um den einfachen Konsum, sondern zunehmend um Nachhaltigkeit, also den verantwortungsvollen Umgang mit den vorhandenen Ressourcen. Die Menschen hinterfragen ihre Kaufentscheidungen vielschichtig und treffen dann nicht unbedingt die kurzfristig wirtschaftlichste Wahl, sondern investieren immer öfter in ein gutes ökologisches oder soziales Gewissen.
Wieviel Energie wird eigentlich für das Hin- und Herschicken von Waren verbraucht? Macht es Sinn, ein Lebensmittel, das allenfalls wie Erdbeeren aussieht, um den Globus fliegen zu lassen, um es außerhalb der heimischen Saison auf dem Tisch zu haben? Und was geschieht mit den zurückgesendeten Waren? Die Vernichtung tragbarer Kleidung sorgt in der breiten Öffentlichkeit für Unverständnis und auch die Arbeitsbedingungen – gerade in der Modeproduktion – stehen immer häufiger im Fokus der Aufmerksamkeit. Möchte ich bei einem anonymen Produzenten am anderen Ende der Welt kaufen oder lieber die Wirtschaft der Region unterstützen?

Selber machen

Immer mehr Verbraucher werden sich ihrer Marktmacht bewusst und entscheiden solche Fragen ganz individuell für sich. Der langfristige Gedanke der Nachhaltigkeit ist dabei oft nicht einfach zu beantworten – wo der eine Aspekt optimal gelöst ist, birgt ein anderer Nachteile. Hauptsache aber ist, dass ein Umdenken begonnen hat!

Im Bereich der Ernährung ging es früher hauptsächlich darum, ausreichende Mengen von Lebensmitteln zur Verfügung zu stellen. Heutzutage kennen Industrienationen kaum noch Knappheit, beschäftigen sich dafür vielmehr mit der Frage der Gesunderhaltung. Viele Menschen möchten sich einfach bewusster ernähren, um lange fit und leistungsfähig zu bleiben. Darauf gehen die Lebensmittelindustrie bzw. der -handel ein und starten entsprechende Kampagnen zur Zucker- oder Salzreduktion. Doch es steigt auch die Zahl von Menschen, die bestimmte Nahrungsmittelbestandteile nicht vertragen und sie deshalb meiden. Die gesamte Bandbreite der Ernährungsformen und ihrer Kombinationen ist jedoch kaum industriell abzubilden. Hier kommt dann der Einzelne ins Spiel, der sich seine Individualität nicht diktieren lassen möchte und sein Produkt mit den gewünschten Zutaten in der gewünschten Qualität einfach selbst macht.

Wer einmal mit dem Selbermachen angefangen hat, wird überrascht sein, wie simpel manche Dinge selbst herzustellen sind: zum Beispiel ein Tortenguss oder ein Brausepulver. Und wer dann so richtig auf den Geschmack gekommen ist, kocht nicht nur selbstverständlich Obst und Gemüse ein, sondern gibt sich vielleicht auch einmal an aufwendigere Projekte wie Quark oder Ricotta, bevor er zur Kür einen eigenen Essig ansetzt.

Einleitung

Das vorliegende Buch versteht sich als eine Ideensammlung, die zum Ausprobieren und Experimentieren inspirieren möchte. Das Wichtigste dabei ist die eigene Kreativität. Auch sollte man sich nicht durch Rückschläge verunsichern lassen. Und auf keinen Fall sollte man die eigenen Küchenexperimente an den optimierten Industrieerzeugnissen messen, sondern sich daran freuen, etwas unabhängig und selbstständig hergestellt zu haben. Vielleicht ist das ein weiterer Grund für den Trend zum Selbermachen: Wir möchten in der entfremdeten, digitalen und virtuellen Welt wieder etwas mit unseren eigenen Händen herstellen, denn das kann so entspannend und befriedigend sein!

Die Rezepte in diesem Buch sind dabei so einfach wie möglich gehalten, denn früher ging es ja auch ohne elektrische Hilfsmittel. Natürlich darf auf vorhandene Küchenmaschinen zurückgegriffen werden, angeschafft werden müssen sie aber nicht dafür. Es hat auch etwas Nostalgisches, Butter einfach mal im Glas zu schütteln (auch wenn man wahrscheinlich dankbar dafür sein wird, das nicht immer für den gesamten Bedarf tun zu müssen). Vielleicht inspiriert aber auch die Sammlung alter Einmachgläser oder der Fund eines Einkochtopfes dazu, sich damit auseinanderzusetzen. Eigentlich kann man nur gewinnen. Also nichts wie ran an die Töpfe!

Saucenbinder & Co. –
Für die ideale Bindung

Die Krönung eines leckeren Essens ist die Sauce, sie vereint sämtliche Aromen der Zubereitung und verbindet sich wunderbar mit den Beilagen. Bratensatz und Schmorflüssigkeit müssen manchmal noch gebunden werden und vertragen auch oft noch eine geschmackliche Abrundung. Statt gekaufte Saucenbinder mit einer langen Zutatenliste zu verwenden, warum nicht einfach eine persönliche Note einbringen und auch den Saucenbinder selbst herstellen? Am besten gelingt das mit einem leistungsfähigen Mixer oder Mixstab, aber auch per Hand in einem Mörser – je größer desto besser – oder mit Gefrierbeutel und Nudelholz, dann wird die Sauce allerdings nicht ganz so glatt. Das trockene Brötchen beziehungsweise die Semmelbrösel binden die Sauce, die Gewürze machen sie rund. Für 250 ml Flüssigkeit werden 1–2 Esslöffel Saucenbinder benötigt, der etwa 2–3 Minuten mitkochen sollte. Wird das fertige Pulver trocken und dunkel in einem gut schließenden Gefäß aufbewahrt, ist es etwa 4–6 Monate haltbar. Beschriften nicht vergessen!

▶ Saucenbinder Hähnchen

1	trockenes Brötchen oder 30 g Semmelbrösel
1 TL	gekörnte Hühner- oder Gemüsebrühe
1 TL	Currypulver
1 TL	Paprikapulver, edelsüß

Das trockene Brötchen wird in einem Mixer zu feinen Semmelbröseln gemahlen oder man verwendet gleich Semmelbrösel. Dann werden die restlichen Zutaten gründlich daruntergemischt. Die Menge kann beliebig vervielfacht werden, je nachdem wieviel Saucenbinder tatsächlich in 4–6 Monaten verbraucht wird. Übrigens ist der Saucenbinder in ein Reagenzglas gefüllt auch ein nettes Mitbringsel.

▶ Saucenbinder Schwein

70 g	trockenes Brötchen oder Semmelbrösel
1 TL	Kümmel, Samen oder gemahlen
3 EL	Röstzwiebeln
2 EL	gekörnte Gemüsebrühe

Das trockene Brötchen wird mit dem Kümmelsamen und den Röstzwiebeln in einem Mixer fein gemahlen. Wer keinen leistungsfähigen Mixer hat, kann auch Semmelbrösel und gemahlenen Kümmel verwenden. Dann die gekörnte Gemüsebrühe gründlich unter die Mischung rühren und abfüllen.

▶ Gemüsepaste

Gemüsebrühpulver ist zugegebenermaßen etwas ungemein Praktisches, kann aber auch unerwünschte Zutaten enthalten wie Geschmacksverstärker, Hefe oder Allergene. Das lässt sich einfach umgehen, indem man eine Gemüsepaste selbst macht. Die hier genannten Gemüse sind als Ideen gedacht, Sellerie sollte zwar möglichst immer enthalten sein, aber ansonsten können die Sorten und die Mengen prima variiert werden. Die Gemüsepaste ist zudem eine schöne Resteverwertung, denn hier kann auch nicht mehr ganz so frisches Gemüse verwertet werden. Gegenüber getrocknetem Gemüsepulver hat die Gemüsepaste den Vorteil, dass zum einen die Nährstoffe besser erhalten werden und zum anderen die Zubereitung energetisch längst nicht so aufwendig ist. Die fertige Paste ist mehrere Monate haltbar. Das Rezept folgt auf der nächsten Seite.

Fortsetzung Gemüsepaste

1 gehäufter Teelöffel macht aus 500 ml Wasser feinste Gemüsebrühe:

¼	Knollensellerie
2	Möhren
1	Tomate
1	kleine Zucchini
8	Stängel Petersilie
3	Champignons
2	Zwiebeln
2	Knoblauchzehen
1 EL	Olivenöl
1	Lorbeerblatt
170 g	Meersalz
30 ml	Weißwein

Der Knollensellerie wird geschält, die Möhren mit einer Bürste geschrubbt. Die Tomate, die Zucchini und die Petersilie werden gewaschen, die Stielansätze jeweils entfernt. Die Champignons werden vorsichtig abgebürstet. Das vorbereitete Gemüse wird nun in feine Würfel geschnitten. Die Zwiebeln und die Knoblauchzehen werden geschält und fein gehackt. Das Öl wird in einem Topf auf dem Herd bei mittlerer Hitze erhitzt und die Zwiebel- und Knoblauchwürfel darin angebräunt. Das übrige Gemüse wird dazugegeben und ebenfalls angedünstet. Das Lorbeerblatt, das Salz und der Wein werden gründlich untergerührt und die Mischung wird für 35 Minuten geköchelt. Das Lorbeerblatt wird entfernt und das eingekochte Gemüse wird anschließend püriert. Die pürierte Paste wird in heiß ausgespülte Schraubgläser abgefüllt und sofort verschlossen.

▶ Gemüsebrühpulver

Und wenn es dann doch einmal ein Gemüsebrühpulver sein soll – zum Abschmecken als letzter Pfiff – dann geht das natürlich auch als Marke Eigenbau mit bekannten und gewünschten Zutaten, beispielsweise so:

¼	Knollensellerie
2	Möhren
1	Petersilienwurzel
1	Stange Lauch
8	Stängel Petersilie
3	Stängel Liebstöckel
80 g	Meersalz

Der Knollensellerie wird geschält, die Möhren und die Petersilienwurzel mit einer Bürste geschrubbt. Der Lauch wird vom Wurzelansatz befreit, halbiert und gewaschen. Die Petersilie und der Liebstöckel werden gewaschen. Das vorbereitete Gemüse wird nun in feine Würfel oder Streifen geschnitten, je feiner desto besser. Das zerkleinerte Gemüse wird auf zwei Backblechen verteilt und im Backofen bei 80°C Umluft 90 Minuten getrocknet. Nach jeweils 30 Minuten werden die Gemüsestreifen gewendet, durch das Öffnen der Backofentür kann die Feuchtigkeit abziehen. Wenn das getrocknete Gemüse vollständig erkaltet ist, wird es gründlich mit dem Salz gemischt, dieses bindet die Restfeuchte und sorgt so für die Haltbarkeit. Die Mischung kann nun noch fein vermahlen und in ein Schraubglas abgefüllt werden. Das Gemüsebrühpulver ist trocken und dunkel aufbewahrt mehrere Monate haltbar.

▶ Dunkles Bratensaucenpulver

50 g	trockenes Brötchen oder Brot, z. B. Schwarzbrot
50 g	Röstzwiebeln
50 g	getrocknete Pilze, z. B. Steinpilze
2	getrocknete Tomaten
1 TL	Knoblauchgranulat
15 g	getrocknete Petersilie
50 g	gekörnte Gemüsebrühe

Alle Zutaten werden in einem Mixer fein gemahlen und anschließend abgefüllt. Hier kann man ganz nach den eigenen Vorlieben variieren, wird eine Zutat nicht vertragen, z. B. kann man die Tomaten einfach weglassen. Man kann auch ruhig andere Kräuter und Gewürze nach dem eigenen Geschmack ausprobieren. Ist die zubereitete Menge zu viel, weil sie nicht innerhalb von 4–6 Monaten verbraucht wird, einfach nur die Hälfte zubereiten.

▶ Hefewasser

Hefen sind ein ganz natürliches Triebmittel und werden seit Jahrhunderten bei der Bierherstellung und beim Backen verwendet. Industriell hergestellte Backhefe wird manchmal nicht gut vertragen, aber man kann ganz einfach Hefewasser mit Wildhefen herstellen. Dafür werden nur eine 1 Liter-Plastikflasche mit großer Öffnung, etwas Zeit und folgende Zutaten benötigt:

150 g	getrocknete, ungeschwefelte Aprikosen
2 EL	Zucker
600 ml	zimmerwarmes Wasser

Die Aprikosen werden in Stücke geschnitten und mit dem Zucker und dem Wasser in die Flasche gefüllt. Die Flasche schütteln bis sich der Zucker aufgelöst hat und an einen warmen, hellen Ort stellen, aber nicht in die Sonne. Die Flasche sollte mindestens zweimal am Tag geschüttelt werden, je öfter, desto besser. Wenn die Wildhefen anfangen zu gären, wird die Flüssigkeit schäumen und Gase entwickeln. Die Plastikflasche kann sich etwas ausdehnen, wird aber nicht platzen. Bei jedem Schütteln sollte der Deckel vorsichtig geöffnet werden, damit die Flasche entlüftet. Nach etwa 3 Tagen ist das Hefewasser triebfähig genug und es kann zum Backen verwendet werden.

Dafür wird ein **Vorteig** hergestellt, indem man ein Viertel der benötigten Mehlmenge mit der gleichen Menge Hefewasser mischt und etwa 12 Stunden gehen lässt. Dieser Vorteig ersetzt die im Rezept angegebene Hefemenge, man fügt die restlichen Zutaten hinzu und bereitet den Teig wie gewohnt zu.

▶ Backpulver

Als einfach anzuwendendes und zuverlässiges Lockerungs- und Triebmittel ist Backpulver seit 170 Jahren bekannt. Die Zutaten sind simpel: Natron setzt in Anwesenheit einer Säure und Flüssigkeit (feuchte Teigzutaten) unter Hitze (beim Backen) Kohlendioxid frei, das den Teig auftreibt. Zugesetztes Stärkepulver sorgt dafür, dass das Natron und die Ascorbinsäure trocken bleiben und sich leichter verteilen lassen.

Für 500 g Mehl werden 20 g Backpulver, das sind etwa 4 Teelöffel, benötigt.

- 100 g Natron, z. B. von Kaiser
- 100 g Ascorbinsäure-Pulver (Vitamin C-Pulver), erhältlich im Drogeriemarkt
- 100 g Stärkemehl, z. B. Maisstärke

Die Zutaten werden gründlich miteinander gemischt und unbedingt trocken aufbewahrt, dann ist das Backpulver mindestens 1 Jahr haltbar. Die Mengen können variiert werden, je nachdem wie groß das Gefäß für die Aufbewahrung ist. Wichtig ist, dass die 3 Zutaten zu gleichen Teilen gemischt werden.

▶ Tortenguss

    2 EL   Kartoffelstärke
    1 EL   Zucker
    250 ml   Fruchtsaft oder Wasser oder eine Mischung daraus

Die Kartoffelstärke und der Zucker werden mit dem Schneebesen in einem Topf gemischt. Dann wird die Mischung zunächst mit etwas von der Flüssigkeit glattgerührt und schließlich die gesamte Flüssigkeit dazugegeben. Unter Rühren zum Kochen bringen, 1 Minute kochen, kurz abkühlen lassen und auf dem Kuchen verteilen. So lecker, so einfach und ohne Müll!

▶ Sahnestandmittel

Das Tüpfelchen auf dem i, nein, dem Kuchen, ist die Schlagsahne! Eigentlich braucht es da nur gut gekühlte Schlagsahne, aber beim Einstreichen einer Torte hilft ein Standmittel, und zwar ohne fragwürdige Zutaten.

    20 g   Johannisbrotkernmehl
    40 g   Zucker

Die beiden Zutaten werden in ein Schraubglas gegeben und gut geschüttelt. **1–2 Teelöffel festigen 250 ml Sahne.**

Gewürzmischungen und -pasten – Nicht nur Salz ist die Würze des Lebens

Würzmischungen enthalten oft zu viel Salz, Zucker oder andere unerwünschte Inhaltsstoffe. Eigentlich sind sie auch gar nicht notwendig, viele der einzelnen Gewürze hat man meist sowieso im Haus. Allerdings ist es auch manchmal lästig, viele verschiedene Gewürzdöschen öffnen zu müssen. Dabei kann es auch passieren, dass man ein Gewürz zu stark einsetzt und es dann den Geschmack dominiert. So bietet es sich an, universelle Würzmischungen für gern gekochte Speisen selbst herzustellen.

▶ Kräutersalz

Kräutersalz eignet sich wunderbar, um die Aromen frischer Kräuter auf ihrem Höhepunkt einzufangen. Dafür werden die Kräuter an ihrem individuell besten Erntezeitpunkt geschnitten, das ist meist vor der jeweiligen Blüte, wenn der morgendliche Tau abgetrocknet ist und die mittägliche Sonne die ätherischen Öle noch nicht vollends hervorgekitzelt hat. Im Laufe des Sommers kann man so seine persönliche Kräutersalzmischung einfach immer wieder durch weitere Kräuter ergänzen.

Die Kräuter können im Backofen bei 50°C Umluft auf dem Rost getrocknet werden, nach 2 Stunden einfach mal fühlen, ob sie schon trocken genug sind. Leichte Restfeuchtigkeit macht hier nicht so viel aus, sie wird vom Salz aufgesogen, allerdings kann das Kräutersalz dann leichter verklumpen.

> **40 g** getrocknete Kräuter
> **300 g** Meersalz

Die Kräuter mit etwa 50 g Salz in eine große Tüte packen und gut verschließen. Dann mit einem Nudelholz solange darüber rollen, bis die Kräuter gut zerkleinert sind. Alternativ geht das auch sehr gut in einem Mörser oder Mixer. Das restliche Salz gut untermischen und in einem Schraubglas dunkel aufbewahren. Weitere Kräuter werden einfach mit etwas Salz zerrieben und untergemischt, so lässt sich das Kräutersalz immer weiter ergänzen. Es hält sich etwa 6 Monate.

▶ Brotgewürz

Wer sein Brot selbst backt, sollte neben Salz unbedingt ein Brotgewürz verwenden, es unterstreicht den feinen Brotgeschmack und sorgt für gute Bekömmlichkeit. Am einfachsten und aromatischsten ist es, wenn **5 g Gewürz auf 1 kg Getreide** mitgemahlen werden.

Eine klassische Mischung ist die folgende:

- 2 EL Fenchelsamen
- 2 EL Kümmelsamen
- 2 EL Anissamen
- 1 EL Koriandersamen

Die Gewürze werden miteinander vermischt und in einem Schraubglas aufbewahrt. Sie können auch miteinander vermahlen werden, sind dann aber nur etwa 1 Monat haltbar.

▶ Eintopfgewürz

- 3 EL getrockneter Thymian
- 2 TL getrocknete Knoblauchscheiben
- 1 TL getrocknete Chiliflocken
- 1 TL Kreuzkümmel
- 2 TL brauner Zucker
- 200 g Meersalz

Die Gewürze werden mit dem Zucker und dem Salz vermahlen und in einem Schraubglas dunkel aufbewahrt. Das Eintopfgewürz ist etwa 6 Monate haltbar.

▶ Geflügelgewürz

- **4 EL** getrockneter Rosmarin
- **3 EL** getrockneter Salbei
- **2 EL** Koriandersamen
- **4 TL** getrocknete Orangenschale
- **3 TL** Fenchelsaat
- **2 TL** weiße Pfefferkörner
- **2 TL** getrocknete Chiliflocken
- **2 TL** Zimtblüten

Die Zutaten werden miteinander vermahlen und in einem Schraubglas dunkel aufbewahrt. Das Geflügelgewürz ist etwa 6 Monate haltbar und würzt jede Art von Geflügel für jede Art der Zubereitung. Salzen, wenn gewünscht, nicht vergessen!

▶ Fischgewürz

- **1 TL** Meersalz
- **1 TL** Pfefferkörner
- **1 TL** Rosa Beeren
- **1 TL** Kümmelsamen
- **1 TL** Koriandersamen
- **1 TL** ausgelöste Samen vom Sternanis

Die Zutaten werden miteinander vermahlen, die Menge ist ausreichend für 500–800 g Fisch. Das Fischgewürz wird auf einem Teller ausgestreut, der Fisch wird hineingelegt und so bildet sich eine schöne Gewürzkruste. Wer häufiger Fisch zubereitet, stellt einfach mehr Fischgewürz her, es ist in einem Schraubglas 1 Monat haltbar.

▶ Fünf-Gewürze-Pulver

Das klassische Gewürz der chinesischen Küche verleiht vielen Gerichten einen fernöstlichen Touch und wird gerne zu Geflügel und Schwein verwendet. Die Fünf ist in der chinesischen Kultur eine magische Zahl und repräsentiert die fünf Elemente: Holz, Metall, Wasser, Feuer und Erde.

6 EL	Szechuan-Pfefferkörner oder weiße Pfefferkörner
4 EL	Fenchelsamen
1 TL	Nelken
6 Stück	Sternanis
4	Zimtstangen

Die Pfefferkörner, die Fenchelsamen und die Nelken werden in einer Pfanne auf dem Herd bei mittlerer Hitze angeröstet bis sie duften. Die Pfanne zwischendurch bewegen, damit nichts anbrennt! Die Gewürze dann auf einem Teller abkühlen lassen, damit sie in der Restwärme der Pfanne nicht doch noch verbrennen. Den Sternanis und die Zimtstangen grob zerkleinern und mit den abgekühlten Gewürzen vermahlen. In einem Schraubglas dunkel aufbewahrt ist das Fünf-Gewürze-Pulver mehrere Monate haltbar.

▶ Umami

Neben süß, sauer, salzig und bitter nehmen unsere Geschmackssinne noch eine weitere Geschmacksrichtung wahr, nämlich umami. Am ehesten lässt sich dieser Geschmack mit wohlschmeckend beschreiben, der Zusatz von Glutamat in der chinesischen Küche ruft ihn hervor. Der Geschmacksverstärker Glutamat ist für manche Menschen nicht gut verträglich und wir brauchen ihn auch gar nicht, denn wir machen unsere eigene Umami-Gewürzmischung! Wenn beim Würzen übrigens möglichst alle Geschmacksrichtungen angesprochen werden, wirkt das wie ein natürlicher Geschmacksverstärker. Das ist der Grund, warum zu süßen Speisen immer auch eine Prise Salz gehört und warum bei herzhaften Gerichten auch Zucker verwendet wird.

- **15 g** Parmesan
- **15 g** getrocknete Pilze
- **20 g** getrocknete Tomaten

Die Zutaten werden mit einem Messer fein gehackt, sie können auch vermahlen werden. Das Gewürz ist in einem Schraubglas im Kühlschrank aufbewahrt 1 Woche haltbar. Es passt wunderbar zu Ofengemüse oder man knetet es zusammen mit Salz und Pfeffer unter 100 g weiche Butter.

▶ Knoblauch-Petersilienpaste

Knoblauch ist so gesund und macht doch so einsam. Wie gut, dass hier der natürliche Frische-Atem-Kick in Form von Petersilie gleich mitgeliefert wird! Die Paste kann schnell verwendet werden und man erspart sich und seinen Mitmenschen den starken Knoblauchgeruch.

    200 g Knoblauch
     50 g Petersilie
    100 g Meersalz
           Olivenöl

Der Knoblauch wird geschält, die Petersilie entstielt und gewaschen. Beide Zutaten werden fein gehackt und mit dem Meersalz verrieben. Die Zutaten können auch im Mixer verarbeitet werden. Die Masse wird in Schraubgläser gefüllt und mit Olivenöl bedeckt, so ist die Paste im Kühlschrank 1 Jahr haltbar.

▶ Rote Thaicurrypaste

Zugegeben: Die Zubereitung ist aufwendig, aber die Currypasten sind das Herzstück eines guten Currys. Fertig gekaufte Pasten enthalten oft billigen Zucker, um die mangelnden teuren Gewürze auszugleichen. Das lässt sich durch Selbermachen einfach umgehen, außerdem kann man so seinen Geschmack individuell ausleben und beispielsweise den Schärfegrad anpassen. Die Pasten sind im Kühlschrank etwa 7 Tage haltbar, man könnte also gleich die doppelte Portion zubereiten und sich schon auf das nächste Curry freuen. Äußerst hilfreich ist hier ein leistungsfähiger Mixer oder ein möglichst großer Mörser.

Selber machen

Fortsetzung Rote Thaicurrypaste

- **1** Stück (etwa 3 cm) Galgant, alternativ Ingwer
- **2** Stängel Zitronengras
- **2 TL** Koriandersamen
- **1 TL** Kreuzkümmelsamen
- **3** weiße Pfefferkörner
- **3** Schalotten
- **4** Knoblauchzehen
- **5** Korianderwurzeln, erhältlich im Asia-Markt, alternativ Korianderstiele
- **1** rote Chilischote
- **½** Bio-Limette
- **1 ½ TL** Meersalz
- **1 TL** Kokosöl

Gewürzmischungen und -pasten

Der Galgant wird geschält und grob gehackt. Die äußeren Blätter vom Zitronengras werden entfernt, ebenso die oberen, harten Stängelteile. Der untere, helle Teil des Zitronengrases wird fein geschnitten. Galgant und Zitronengras in einer Pfanne auf dem Herd bei mittlerer Hitze kurz anrösten, auf einen Teller zum Abkühlen geben. Koriander, Kreuzkümmel und Pfeffer ebenso anrösten und abkühlen lassen. Die Schalotten, der Knoblauch und die Korianderwurzel werden geschält und grob gehackt. Die Chilischote wird halbiert, die Kerne entfernt und ebenfalls grob gehackt. Die Schale der Limette wird fein abgerieben, möglichst wenig weiße Haut mit abreiben, denn sie schmeckt bitter. Nun kommen alle Zutaten zusammen und werden mit dem Salz und dem Kokosöl fein verrieben. Die Paste wird in ein Schraubglas gefüllt und muss erst abkühlen, bevor sie in den Kühlschrank kommt. Die Menge reicht zum Würzen von 4 Portionen Curry. Die Paste hält sich im Kühlschrank bis zu 2 Wochen.

Selber machen

▶ Grüne Thaicurrypaste

½ TL	Kreuzkümmelsamen
½ TL	Koriandersamen
5	grüne Chilischoten
3	kleine grüne Thai-Chilischoten (Vorsicht: richtig scharf!)
5	Schalotten
3	Knoblauchzehen
1	Stück (etwa 2 cm) Galgant, alternativ Ingwer
1	Stängel Zitronengras
2	Kaffirlimettenblätter
½	Bund Koriander
125 ml	Wasser
4 EL	Kokosöl
2 TL	Salz

Die Kreuzkümmel- und die Koriandersamen werden in einer Pfanne auf dem Herd bei mittlerer Hitze angeröstet und zum Abkühlen auf einen Teller gegeben, bevor sie fein zerstoßen werden.

Beide Sorten Chilischoten werden halbiert und entkernt. Die Schalotten, die Knoblauchzehen und der Galgant werden geschält und grob gehackt. Die äußeren Blätter vom Zitronengras werden entfernt,

ebenso die oberen, harten Stängelteile. Der untere, helle Teil des Zitronengrases wird fein geschnitten. Die Mittelrispen der Kaffirlimettenblätter werden entfernt, die Blätter grob gehackt, der Koriander wird mitsamt den Stielen ebenfalls grob gehackt.
Die vorbereiteten Zutaten werden zusammen mit dem Wasser cremig püriert. Das Kokosöl wird in einer Pfanne erhitzt und die Paste darin mit dem Salz angebraten, bis sie duftet und eingekocht ist. Die Paste wird in ein Schraubglas gefüllt und muss erst abkühlen, bevor sie in den Kühlschrank kommt. Die Menge reicht zum Würzen von 4 Portionen Curry. Die Paste hält sich im Kühlschrank bis zu 2 Wochen.

▶ Arabisches Kaffeegewürz

Dieses Kaffeegewürz verfeinert mit seinen exotischen Aromen den einfachsten Filterkaffee und macht ihn zu einem Kurztrip in die Ferne!

8	Kardamomkapseln
1	Zimtstange
8	Nelken
4	Pimentkörner
4	schwarze Pfefferkörner
Mark	von ½ Vanilleschote
1 Msp.	geriebene Muskatnuss

Die Zutaten werden fein vermahlen und in einem Schraubglas dunkel gelagert. So ist das Kaffeegewürz mehrere Monate haltbar. Natürlich können auch bereits gemahlene Gewürze verwendet werden.
1 Prise an den Kaffee geben und schon hat dieser ein ganz anderes Aroma. Das Gewürz eignet sich auch zum Würzen von Desserts, wie Tiramisu, oder Kuchen, z. B. Brownies.

Senf & Co. –
Gesunde Scharfmacher

Immer muss irgendwer irgendwo seinen Senf dazugeben: zur Bratwurst auf jeden Fall und auch im Salatdressing macht er eine gute Figur. Senf hilft bei der Verdauung fettreicher Speisen und unterstützt die Verbindung von Essig und Öl in Saucen. Probieren Sie Senfsamen auch mal als würzig-scharfe Sprossen aufs Brot.

Über die Auswahl der Senfkörner hat man Einfluss auf den Schärfegrad, denn weiße oder gelbe Senfsaat ist milder, brauner und schwarzer Senf sind schärfer. Am besten ist es, die Senfkörner selbst frisch zu mahlen, denn Senfmehl verliert schnell seine wertvollen Inhaltsstoffe und Aromen.

Senf in der Tube oder im Glas ist oft geschwefelt, das verträgt nicht jeder. Es geht auch anders!

80 g	gelbe Senfsaat
½ TL	Kurkuma
120 ml	lauwarmes Wasser
100 ml	Weißweinessig
25 g	Honig, alternativ Agavendicksaft
10 g	Salz
1 EL	Traubenkern- oder Sonnenblumenöl

Die Senfsaat wird fein gemahlen und mit dem Kurkuma im Wasser für 20 Minuten quellen gelassen. Anschließend werden Essig, Honig und Salz hinzugefügt und die Mischung in einem Topf auf dem Herd bei kleiner Hitze unter Rühren 5 Minuten erwärmt. Die Temperatur sollte nicht über 50°C steigen, um die Aromastoffe zu schonen. Zum Schluss wird das Öl untergerührt und der Senf in Schraubgläser abgefüllt und verschlossen. Im Kühlschrank sollte er noch 2–3 Wochen nachreifen. Der Senf ist im Kühlschrank 6 Monate haltbar.

▶ Weißwurstsenf

Die süße Variante macht sich im Salatdressing besonders gut und gehört natürlich unbedingt zur Weißwurst.

- **380 ml** Wasser
- **120 ml** Weißweinessig
- **120 g** brauner Zucker
- **120 g** weißer Zucker
- **½** Zwiebel
- **4** Nelken
- **1 ½ TL** Zitronenschalenabrieb
- **200 g** weiße Senfkörner
- **50 g** schwarze Senfkörner

Zuerst einen Sud aus Wasser, Essig, beiden Zuckersorten, Zwiebel, Nelken und Zitronenschalenabrieb in einem Topf auf dem Herd 10 Minuten köcheln lassen und durch ein Sieb abgießen. In der Zwischenzeit werden die Senfkörner gemahlen, mit dem Sud verrührt, in Schraubgläser abgefüllt und verschlossen. Der süße Senf sollte mindestens 3 Wochen im Kühlschrank reifen, er ist dann 4 Monate haltbar.

▶ Feigensenf

25 g	gelbe Senfsaat
2	Feigen
4 EL	Honig
15 ml	Rotwein
20 ml	Balsamico-Essig
1 Prise	gemahlener Kardamom
½ TL	Orangenschalenabrieb

Die Senfsaat wird gemahlen, die Feigen von Stiel- und Blütenansatz befreit und in kleine Würfel geschnitten. Honig, Rotwein, Essig und Kardamom werden in einen Topf gegeben und mit den Feigenwürfeln kurz aufgekocht. Anschließend wird die Masse püriert, Senfmehl und Orangenschalenabrieb untergerührt und in ein Schraubglas abgefüllt. Im Kühlschrank sollte der Feigensenf 1 Woche reifen, bevor er die nächste Käseplatte veredelt.

▶ Ketchup

Für viele ist ein Essen ohne Ketchup nicht denkbar und das sind beileibe nicht nur Kinder. Mittlerweile weiß man, wieviel Zucker sich oft in der roten Würzsauce versteckt, also ran an die Eigenproduktion, und zwar am besten mit vollreifen, aromatischen Tomaten.

2	Zwiebeln
650 g	Tomaten
20 ml	Olivenöl
20 g	Reis
60 g	brauner Zucker
5 g	weißer Zucker
2 EL	Balsamico-Essig
1 ½ TL	Salz
½ TL	Zimt
2	Pimentkörner
¼	Sternanis
½	getrocknete Chilischote

Die Zwiebeln werden geschält und in feine Würfel geschnitten. Die Tomaten werden in grobe Stücke geschnitten, die Stielansätze werden dabei entfernt. Das Olivenöl wird in einem Topf auf dem Herd erhitzt, die Zwiebelwürfel werden darin glasig gedünstet. Der Reis und beide Zuckersorten werden zugegeben und kurz mitangeschwitzt. Der Essig und die Tomatenstücke werden hineingegeben, ebenso Salz und Zimt. Die Pimentkörner, der Sternanis und die Chilischote werden in ein Gewürzei oder einen Teebeutel gepackt und 30 Minuten mitgekocht. Das Gewürzei rausfischen und den Ketchup pürieren. Den Ketchup noch heiß in eine Flasche mit Schraubverschluss abfüllen. Im Kühlschrank ist er ungeöffnet 4 Wochen haltbar.

▶ Gewürzketchup

5	Tomaten
2	rote Paprika
1	Zwiebel
2	Knoblauchzehen
1	Stück (etwa 2 cm) Ingwer
1	rote Chilischote
20 g	Olivenöl
50 g	Tomatenmark
20 g	Zucker
5	Kardamomkapseln
2	Pimentkörner
2	Wacholderbeeren
2	Gewürznelken
1	Zimtstange
1	Stück Sternanis
1 TL	Kreuzkümmel
1 TL	Fenchelsamen
10 g	Senf
100 ml	Rotweinessig
100 ml	Gemüsebrühe
10 ml	Zitronensaft
10 g	Honig

Die Tomaten und die Paprika werden in grobe Stücke geschnitten, die Stielansätze und die Paprikakerne werden dabei entfernt. Die Zwiebel, die Knoblauchzehen und der Ingwer werden geschält und in feine Würfel geschnitten. Die Chilischote wird halbiert, Trennwände und

Kerne werden entfernt, die Schote wird ebenfalls in feine Würfel geschnitten. Das Olivenöl wird in einem Topf auf dem Herd erhitzt und die kleingeschnittenen Würfel von Zwiebel, Knoblauch und Ingwer darin angedünstet. Die Chiliwürfel, das Tomatenmark und der Zucker werden hinzugefügt und angeröstet. Die Tomaten- und Paprikawürfel zusammen mit den restlichen Gewürzen, außer Zitronensaft und Honig, hinzufügen und einmal aufkochen. Die Sauce etwa 2 Stunden einkochen und schließlich durch ein feines Sieb streichen. Mit Zitronensaft und Honig abschmecken und erneut aufkochen. Noch heiß in eine Flasche mit Schraubverschluss abfüllen. Im Kühlschrank ist der Gewürzketchup ungeöffnet 4 Wochen haltbar.

▶ Mayonnaise

Zumindest bei Pommes Schranke darf neben der roten Sauce die weiße natürlich nicht fehlen. Eine selbst gemachte Mayonnaise ist so unvergleichlich viel leckerer als das Industrieprodukt, es lohnt sich unbedingt das einmal auszuprobieren. Über die Wahl des Öls hat man entscheidenden Einfluss auf den Geschmack, auf jeden Fall sollte ein hochwertiges, kaltgepresstes natives Öl verarbeitet werden. Die verwendeten Eier sollten sehr frisch sein und das fertige Produkt muss unbedingt gekühlt werden, auch auf dem Grillbuffet im Sommer, damit sich Salmonellen nicht unkontrolliert vermehren. Frische Mayonnaise sollte immer am gleichen Tag verbraucht werden. Bei der Zubereitung ist entscheidend, dass alle Zutaten Raumtemperatur haben, damit sie sich gut miteinander verbinden. Geduld am Anfang zahlt sich aus: Wenn das Öl anfangs nur tropfenweise zugefügt wird sinkt die Gefahr, dass die Mayonnaise gerinnt.

2	frische Eigelb
1 TL	Senf
250 ml	kaltgepresstes Sonnenblumenöl
	Salz, Pfeffer und Zitronensaft

Die Eigelb werden mit dem Senf in einem hohen Rührgefäß mit dem Mixstab gründlich gemixt. Bei laufendem Mixstab wird sehr langsam – anfangs tropfenweise – das Öl zugegeben. Die Mayonnaise mit Salz und Pfeffer würzen und mit Zitronensaft abschmecken.

▶ Vegane Mayonnaise

125 ml	Sojamilch
2 EL	Weißweinessig, alternativ Zitronensaft
1 TL	Senf
125 ml	kaltgepresstes Rapsöl
	Salz und Pfeffer, Agavendicksaft

Die Sojamilch in einem hohen Rührgefäß mit Essig und Senf mit dem Mixstab gründlich mixen. Bei laufendem Mixstab wird sehr langsam – anfangs tropfenweise – das Öl zugegeben. Die Mayonnaise mit Salz und Pfeffer würzen und mit Essig und Agavendicksaft abschmecken. Die vegane Mayonnaise hält sich im Kühlschrank etwa 1 Woche.

▶ Aioli

3	Knoblauchzehen
1	frisches Ei
25 g	Senf
½ TL	Salz
	weißer Pfeffer
250 ml	Olivenöl

Die Knoblauchzehen werden geschält und durch eine Knoblauchpresse in einen hohen Rührbecher gepresst. Ei, Senf, Salz und etwas Pfeffer werden mit dem Mixstab untergearbeitet. Bei laufendem Mixstab wird sehr langsam – anfangs tropfenweise – das Öl zugegeben.

Süßes – Für jede Naschkatze ist was dabei

▶ Pudding

Lieben tun ihn alle, ob kalt, gestürzt, cremig oder noch warm, mit Haut oder ohne. Lieber Schoko oder Vanille? Vielleicht Karamell? Er ist Seelentröster, Kindheitserinnerung und ganz einfach selbst gemacht.

500 ml	Kuhmilch oder Pflanzenmilch
50 g	Zucker, weiß oder braun, alternativ: Kokosblütenzucker oder Erythrit
20 g	Speisestärke
1	Prise Salz
½	Vanillestange oder 50 g Schokolade
1	Ei

450 ml von der Milch werden zusammen mit dem Zucker auf dem Herd zum Kochen gebracht. Die restliche Milch wird mit der Speisestärke und dem Salz angerührt und in die kochende Milch gegeben. Unter Rühren wird die angedickte Milch 1 Minute aufgekocht. Soweit das Grundrezept.

Folgende Puddingvarianten sind denkbar:
50 g Zucker in einem Topf auf dem Herd bei mittlerer Hitze karamellisieren lassen. Der Karamell sollte eine satte Farbe haben, aber auch nicht zu dunkel werden, denn sonst wird er bitter. Langsam 450 ml Milch in den Karamell einrühren und den Karamell lösen, Karamellmilch zum Kochen bringen und mit der in der restlichen Milch angerührten Speisestärke wie beschrieben andicken.

Das ausgekratzte Mark der ½ Vanilleschote und die Schote selbst in der Milch mitaufkochen, wie gehabt andicken, Vanilleschote entfernen, fertig ist der Vanillepudding.

Die Schokolade in der Milch schmelzen lassen und wie beschrieben andicken, fertig ist der schokoladigste Schokopudding!
Egal welche Geschmacksrichtung, jede lässt sich mit einem Ei verfeinern. Etwas aufwendig, aber lohnenswert! Das Ei wird getrennt, das Eiweiß steif geschlagen, das Eigelb wird mit der Speisestärke angerührt und zur kochenden Milch gegeben. Ist der Pudding fertig angedickt, wird der Eischnee untergehoben und gart für 1 Minute im heißen Pudding. So fluffig!

▶ Zuckerglasur

250 g Puderzucker
3 EL Flüssigkeit, z. B. Wasser, Milch, Zitronensaft, Kirschsaft, Multivitaminsaft, Holundersaft

Der Puderzucker wird mit 2 EL der gewählten Flüssigkeit angerührt, nach Bedarf wird der letzte EL Flüssigkeit untergerührt. Die Glasur sollte nicht zu flüssig werden, dann trocknet sie schneller.
Für eine weiße Glasur nimmt man Wasser oder Milch. Mit Zitronensaft wird die Glasur fast farblos, man kann den Puderzucker auch mit Wasser mischen, dann bleibt die Glasur sichtbarer. Kirschsaft ergibt ein schönes Rosarot, Multivitaminsaft eine gelb-orange Färbung und Holundersaft einen lila-blau Ton. Diese natürlichen Färbungen sind nicht mit den knalligen Farben von künstlichen Farbstoffen zu vergleichen, aber viel leckerer und gesünder.

▶ Früchteglasur

1 EL Gelee, z. B. Johannisbeergelee oder Quittengelee
1 Eiweiß
200 g Puderzucker

Das Gelee wird in einem Topf auf dem Herd bei mittlerer Hitze verflüssigt. Das Eiweiß und den Puderzucker einrühren und auf dem Gebäck verteilen. Eine wunderbar fruchtige Glasur!

▶ Vanillepaste

200 g brauner Kandiszucker
100 ml Wasser
3 Vanilleschoten

Der Kandiszucker wird mit dem Wasser in einem Topf auf dem Herd zum Kochen gebracht. In der Zwischenzeit werden die Vanilleschoten halbiert, das Mark herausgekratzt und die Schoten in kleinere Stücke geschnitten. Mark und Schotenstücke werden dann in den Topf gegeben und miterhitzt. Die Vanille-Zucker-Lösung wird dann bei kleiner Hitze sirupartig eingekocht, in Schraubgläser abgefüllt und noch heiß verschlossen. So ist die Vanillepaste mehrere Monate haltbar. Die Vanilleschoten können vor dem Abfüllen herausgefischt werden, dann stören sie später nicht beim Dosieren. Andererseits aromatisieren sie die Paste immer noch weiter. Die Zutaten ergeben etwa 200 ml Vanillepaste, günstig ist es, sie in kleinere Gläschen abzufüllen. Je nach Geschmack werden 1–2 TL statt Vanillezucker beim Backen verwendet, der Zucker kann entsprechend reduziert werden. Das Aroma ist dafür um ein Vielfaches intensiver!

Süßes

▶ Zitronenzucker

Frische Bio-Zitronen duften immer so unglaublich intensiv und es ist einfach zu schade, nur den Saft zu verwenden. Deshalb vor dem Auspressen einfach die Schale fein abreiben, dabei aufpassen nicht zu viel von der weißen Schale zu erwischen, denn sie ist bitter. Die abgeriebene Zitronenschale wird in einem tiefen Teller mithilfe einer Gabel mit Zucker oder einer anderen kristallinen Süße gründlich vermischt. Der Zucker nimmt dabei die Aromaöle auf und konserviert sie, für die Schale von einer Bio-Zitrone braucht man etwa 2 EL Zucker. Den Zitronenzucker in ein Schraubglas abfüllen und dunkel aufbewahren. Das Aroma bleibt für etwa 3 Wochen frisch, der Zucker aromatisiert Gebäck, Quarkspeisen oder auch Tee.
Funktioniert genauso auch mit Bio-Orangen!

▶ Marzipan

Eine wichtige Zutat, nicht nur in der Weihnachtsbäckerei, ist Marzipan. Da Mandeln teurer sind als Zucker, arbeitet die Industrie gerne mit möglichst wenig Mandeln auf Kosten der Qualität. Das machen wir besser!

    200 g   Mandeln
    150 g   Puderzucker
    1–2 EL   Rosenwasser oder Rum

Die Mandeln werden in ausreichend Wasser 2 Minuten aufgekocht und durch ein Sieb abgegossen. Nun lassen sie sich leicht aus der Haut lösen und fein vermahlen, am besten geht das in einem leistungsfähigen Mixer. Die Mandelmasse wird dann mit Puderzucker und Rosenwasser oder Rum verknetet und weiterverarbeitet. Luftdicht eingepackt hält sich das Marzipan im Kühlschrank einige Tage.

Süßes

Milchprodukte & Alternativen selbst herstellen –
Joghurt und seine angesäuerten Verwandten

▶ Joghurt aus Kuhmilch

Joghurt ist ein gut verträgliches Sauermilchprodukt, das hochwertiges Eiweiß, Vitamin A und D sowie Calcium und Magnesium liefert. Milchsäure und (probiotische) Milchbakterien sorgen für eine gesunde Darmflora und tragen zum reibungslosen Funktionieren des Darms bei. Leider finden sich in manchen Joghurtprodukten oft unnötige Inhaltsstoffe wie zu viel Zucker, zu viel Fett und Stärke. Darauf lässt sich beim selbst gemachten Joghurt gut und sicher verzichten. Milch und Joghurt sollten den gleichen Fettgehalt haben und zimmerwarm sein. Milchpulver macht den Joghurt fester, kann aber auch weggelassen werden. Zusätzlich werden noch eine entsprechende Anzahl sauberer Schraubgläser benötigt, man spart beim Selbermachen also

Selber machen

auch jede Menge Verpackungsmüll. Der Joghurt reift einfach im Backofen, außerdem ist ein Thermometer hilfreich, um die Temperaturen bei der Zubereitung genau einhalten zu können.

Die hier angegebene Menge reicht aus für 4 Schraubgläser à 250 ml.

- **1** Liter Milch
- **150 g** Naturjoghurt
- **2 EL** Milchpulver

Die Milch wird erhitzt und unter Rühren etwa 5 Minuten auf 90°C gehalten. Wenn die Milch auf 50°C abgekühlt ist, wird der Naturjoghurt untergerührt. Wer möchte, rührt jetzt auch das Milchpulver mit ein. Den Backofen auf 50°C Ober-/Unterhitze vorheizen und die geimpfte Milch in saubere Schraubgläser füllen. Diese auf ein Backblech stellen und für 30 Minuten im vorgeheizten Ofen auf der mittleren Schiene lassen. Nun wird die Temperatur ausgestellt und die Gläser bleiben über Nacht zum Reifen im Ofen. Sie sollten dabei nicht bewegt werden. Am nächsten Morgen gibt es dann ein leckeres Joghurtfrühstück. Der restliche Joghurt kann im Kühlschrank etwa 3–4 Tage gelagert werden, er wird dabei noch fester. Unbedingt daran denken, eine Portion Joghurt für den nächsten Ansatz übrig zu behalten!

Milchprodukte & Alternativen

▶ Fruchtjoghurt

Nach dem Pflichtprogramm mit einfachem Naturjoghurt folgt die Kür. Entweder mischt man Früchte in die Joghurtmasse oder man versucht sich an einem Schichtjoghurt. Das Schöne ist, dass man die Früchte hier ganz nach seinem Geschmack zusammenstellen und auch die Menge an Zucker an die eigenen Bedürfnisse anpassen kann. Auch die Art des Zuckers ist frei wählbar, neben Rohrzucker oder Kokosblütenzucker können auch Stevia, Xylit oder Erythrit ausprobiert werden.

150–300 g Beerenobst
50–100 g Zucker

Das gewaschene und geputzte Beerenobst wird mit dem gewählten Zucker 5 Minuten unter Rühren gekocht. Wer die Kerne entfernen möchte, streicht die Masse durch ein Sieb. Wenn die Fruchtmasse 50°C erreicht hat, kann sie zusammen mit der Milch wie im Grundrezept (s. S. 52) beschrieben weiterverarbeitet werden. Oder sie wird als Schicht in ein sauberes Schraubglas gefüllt und die geimpfte Joghurtmasse vorsichtig darauf verteilt. Als schnelle Alternative kann auch 1 EL selbst gemachte Marmelade (s. S. 73 ff.) verwendet werden.

▶ Frischkäse

Ganz einfach und schnell ist ein körniger Frischkäse selbst gemacht, dabei sollte immer Milch mit mindestens 3,5 % Fettgehalt verwendet werden. Crème fraîche oder Schmand machen den Frischkäse noch cremiger, hier hat man auch Einfluss auf den Fettgehalt und schließlich auch auf die zugesetzte Salzmenge. Zusätzlich braucht es nur noch einen Topf, ein Sieb und ein Stofftuch, unter Umständen lohnt sich die Anschaffung eines sogenannten Passiertuches. Neben dem Frischkäse entsteht Molke, die ein eiweißhaltiges, aber fast fettfreies Getränk ist. Die Molke kann auch zu Ricotta (s. S. 56) weiterverarbeitet werden.

1	Liter Vollmilch
30 ml	Zitronensaft
50–100 g	Crème fraîche oder Schmand
	Salz

Die Milch wird aufgekocht und der Zitronensaft zugegeben. Die Mischung 1 Minute kochen lassen, dabei gerinnt die Milch und flockt aus, es bilden sich kleine Klümpchen. Ein feines Sieb wird in eine Schüssel gehangen und mit einem Tuch ausgelegt, dorthinein wird die geronnene Milch-Zitronen-Mischung gegossen. In der Schüssel sammelt sich die Molke, im Tuch bleibt der Frischkäse. Er kann mit Crème fraîche oder Schmand cremig gerührt werden und wird mit Salz abgeschmeckt. Es entstehen etwa 200 g Frischkäse, der sich im Kühlschrank etwa 3–5 Tage hält.

Milchprodukte & Alternativen

▶ Speisequark

Etwas mehr Zeit braucht es für selbst hergestellten Speisequark, aber die Utensilien sind die gleichen. Ob vollfette oder fettarme Milch spielt hier keine Rolle, aber Frischmilch sollte es sein, H-Milch funktioniert nicht. Die benötigte Buttermilch fällt übrigens bei der Butterherstellung (s. S. 63) an. Frischer und nachhaltiger geht's nimmer!

    1 Liter Milch
30 ml Buttermilch

Die Milch wird mit der Buttermilch in einer Schüssel gemischt und abgedeckt 2 Tage bei Zimmertemperatur stehen gelassen. Die geronnene Quarkmasse wird dann zum Abtropfen etwa 2 Stunden in ein, mit einem Tuch ausgelegtes, feines Sieb gegeben. Je länger die Masse abtropft, desto fester und trockener wird der Quark, man kann ihn auch mit dem Tuch auswringen. Es entstehen etwa 250 g Quark, die im Kühlschrank 3–5 Tage haltbar sind.

▶ Ricotta

Sehr ähnlich zum körnigen Frischkäse ist Ricotta, allerdings wird dieser aus Molke hergestellt, die ein zweites Mal – daher der Name – gekocht wird. Interessant wird es, wenn Gewürze und Kräuter bei der Herstellung zugegeben werden. Doch Vorsicht, auch wenn die Herstellung einfach klingt, kommt es bei Naturprodukten auch immer auf ein glückliches Händchen an. Aber probieren Sie es doch einfach aus, viel Erfolg!

500 ml Molke
650–750 ml Frischmilch
20 ml Zitronensaft

Die Molke wird auf 90°C erhitzt, das ist kurz vor dem Kochen, und die Milch wird mit dem Zitronensaft langsam eingerührt – das ist auch der Zeitpunkt, um Gewürze zuzugeben – die Mischung unter Rühren für 20 Minuten auf Temperatur halten und dann zum Abtropfen in ein, mit einem Tuch ausgelegtes, feines Sieb geben.

Alternativen zu Milchprodukten

Für alle, die Kuhmilch nicht vertragen oder vegan leben möchten, gibt es mittlerweile verschiedenste pflanzliche Milchalternativen, die umgangssprachlich zwar als Milch bezeichnet werden, aber eigentlich nicht so heißen dürfen, weil dieser Begriff rechtlich der Kuhmilch vorbehalten ist. In Bezug auf wertgebende Inhaltsstoffe und nachhaltige Produktion ist ein einfacher Vergleich zwischen Kuh- und Pflanzenmilch nicht so leicht und würde hier deutlich zu weit führen. Ursprünglich war Kuhmilch jedenfalls das geschmackliche und sensorische Vorbild für Pflanzenmilch, daher der Zusatz von Zucker und Emulgatoren. Mittlerweile ist Pflanzenmilch kein Milchersatz mehr, sondern zu einem eigenständigen Produkt geworden und die Angebotspalette ist entsprechend vielfältig. Bei der Eigenherstellung sollte aber nicht das industrielle, haltbare Produkt als Vorbild dienen, sondern die Freude an der Frische und Ursprünglichkeit im Vordergrund stehen. Auf jeden Fall ist es ein schönes Küchenexperiment Pflanzenmilch einmal selbst herzustellen. Besonders für Nussmilch ist ein leistungsfähiger Mixer unbedingt zu empfehlen, das Ergebnis wird einfach cremiger. Hilfreich ist außerdem ein so genannter Nussmilchbeutel, ein Passiertuch tut es aber auch.

▶ Kokosmilch

800 ml Wasser
400–500 g Kokosraspel, das entspricht dem Fleisch von 1–2 Kokosnüssen

Das Wasser in einem Topf aufkochen und die Kokosraspel 15 Minuten darin quellen lassen, mit dem Mixstab pürieren und fertig. Wer keinen Mixstab hat, gießt die Masse in ein, mit einem Tuch ausgelegtes, feines Sieb und drückt die Kokosmilch aus. Die übriggebliebenen Kokosraspel können nach dem Trocknen zum Backen verwendet werden oder das Müsli verfeinern.

▶ Hafermilch

80 g Haferkörner
1 l Wasser

Die Haferkörner werden über Nacht mit reichlich kaltem Wasser eingeweicht. Am nächsten Tag werden sie abgegossen und unter fließendem Wasser abgespült. Die Hälfte des angegebenen Wassers zum Kochen bringen, die Körner zufügen und mit dem Mixstab pürieren. Ein feines Sieb mit einem Tuch auskleiden, die Getreidemasse hineingeben und ausdrücken. Das restliche Wasser zum Kochen bringen, die ausgedrückte Getreidemasse hinzufügen, erneut pürieren und durch das Tuch gießen. Die Getreidemilch ist im Kühlschrank 3–4 Tage haltbar.

▶ Mandel-Cashew-Milch

Als Beispiel stellen wir hier die Herstellung einer Nussmilch aus Mandeln und Cashewkernen vor. Nach dem gleichen Prinzip darf fröhlich experimentiert werden, die Mandeln können geschält oder ungeschält verwendet werden, sie können auch vorher angeröstet werden oder es wird einfach eine andere Nussorte, z. B. Haselnüsse, verwendet.

100 g Mandeln
100 g Cashewkerne
500 ml Wasser

Die Mandeln über Nacht in reichlich Wasser einweichen, am nächsten Tag abschütten und zusammen mit den Cashewkernen und dem Wasser in den Mixer geben und pürieren. Es sollte sich eine weißliche Flüssigkeit ohne sichtbare Nussstücke bilden. Den Nussmilchbeutel in eine Schüssel stellen und die Mischung hineingießen. In der Schüssel sammelt sich die Mandel-Cashew-Milch. Der Pressrückstand kann etwas verdünnt als eine Art Sahne zum Verfeinern von Suppen und Saucen verwendet werden. Es ist auch möglich, ihn auf einem Backblech oder im Dörrautomaten zu trocknen und dann als Zutat beim nächsten Kuchen zu nutzen.

▶ Veganer Joghurt

Auf der Basis von Pflanzenmilch lässt sich auch Joghurt herstellen. Hierzu verwendet man dann probiotische Joghurtkulturen, z. B. aus dem Reformhaus, damit der Pflanzenjoghurt auch wirklich frei von tierischen Produkten bleibt. Die – selbst hergestellte – Pflanzenmilch wird nach Packungsangabe mit den Joghurtkulturen gemischt und in Schraubgläser gefüllt. Diese sollten über Nacht bei 30–40°C ruhen und reifen, am nächsten Morgen haben sich Joghurt und Molke voneinander abgesetzt. Im Kühlschrank hält der vegane Joghurt etwa 3–4 Tage.

▶ Veganer Frischkäse

Auch Frischkäse kann auf Basis einer Pflanzenmilch selbst hergestellt werden und ist dann natürlich auch laktosefrei. Laktosefreie Produkte aus dem Supermarkt sind oft teuer, manchmal auch erst auf den zweiten Blick, weil die Packung einfach weniger Inhalt hat. Da kann man der Industrie aber leicht ein Schnippchen schlagen und zum

Milchprodukte & Alternativen

individuellen Selbermacher werden. Der Geschmack lässt sich je nach verwendeter Pflanzenmilchsorte variieren, auch können noch weitere Gewürze, Kräuter oder auch essbare Blüten zugegeben werden. Leinöl macht den veganen Frischkäse cremiger und aromatisiert ihn mit seinem ausgeprägten Geschmack nur leicht, vor allem liefert es wertvolle Omega-3-Fettsäuren.

500 ml	ungesüßte Sojamilch
2 EL	Zitronensaft oder 1 TL Apfelessig
1 EL	Leinöl
	Salz

Die Sojamilch wird kurz aufgekocht und die Säure in Form von Zitronensaft oder Apfelessig zugegeben. Die gestockte Sojamilch erneut aufkochen, dann durch ein mit einem Tuch ausgelegtes, feines Sieb abtropfen lassen. Die Frischkäsemasse mit Öl cremig rühren und mit Salz abschmecken. Sie hält im Kühlschrank etwa 3 Tage.

Butter aufs Brot –
Sahnig, cremig, lecker

▶ Butter

Wem ist es nicht schon einmal passiert? Die Schlagsahne zum Sonntagskuchen sah plötzlich krisselig aus, wie ärgerlich! Eigentlich war das ein guter Anfang, denn so wird Butter geschlagen. Das Verhältnis von eingesetzter Milch zu entstandener Butter lässt sich leicht verdeutlichen: „nur" etwa 3,8 % Fett enthält eine gute Rohmilch, da ist es ein geschickter Weg, gleich mit dem Rahm, nämlich der Sahne, zu starten, je fetter desto besser. Und dann geht es ganz nachhaltig los: Shake it, Baby! Das spart den Weg ins Fitnessstudio und ist ein prima Workout für die Arme.

Fortsetzung Butter

250 ml Schlagsahne

Die zimmerwarme Sahne wird in ein großes Schraubglas gegeben und geschüttelt. Erst entsteht Schlagsahne, nach und nach immer größere Butterklumpen. Der Vorgang dauert etwa 10–15 Minuten. Zwischendurch wird die abgetrennte Buttermilch immer wieder abgegossen, sie kann bei der Ricottaherstellung (s. S. 56) eingesetzt werden oder ist einfach eine kleine Erfrischung nach getaner Arbeit. Wichtig ist es, den Butterklumpen immer weiter zu schlagen, bis die Buttermilch weitestgehend entfernt wurde. Besonders schön wird die Butter, wenn sie anschließend noch in Wasser ausgewaschen wird. Dafür wird der Butterklumpen in einer Schüssel mit kaltem Wasser geknetet, das Wasser wird durch die austretende Buttermilch trüb und wird verworfen. Der Vorgang wird wiederholt, bis das Wasser klar bleibt, jetzt den Butterklumpen noch einmal durchkneten, um restliches Wasser zu entfernen, dann ist die Butter im Kühlschrank etwa 3 Wochen haltbar. Es entstehen etwa 75 g Süßrahmbutter, die mit ½ TL Salz gewürzt werden können.

▶ Ghee

Ghee stammt aus der ayurvedischen Küche und ist im Grunde nichts anderes als Butterschmalz. Butter selbst besteht zu etwa 80 % aus Fett, die restlichen 20 % verteilen sich auf Wasser, Milcheiweiß und Milchzucker. Sie sorgen dafür, dass Butter nur eine relativ begrenzte

Haltbarkeit hat. Entfernt man diese Inhaltsstoffe, verlängert sich die Haltbarkeit auf 9 Monate ungekühlt und sogar 15 Monate im Kühlschrank. Ghee ist sogar für Milcheiweißallergiker und Laktoseintolerante geeignet und ideal zum Braten und Frittieren. Dabei bringt es einen fein-nussigen Buttergeschmack mit und ist äußerst einfach und preiswert selbst herzustellen. Am besten verwendet man eine ungesalzene Süß- oder Sauerrahmbutter aus Weidekuhhaltung in Bio-Qualität.

250 g   Butter

Die Butter wird im offenen Topf auf dem Herd bei kleinster Hitze geschmolzen und etwa 20 Minuten geköchelt, je langsamer und schonender dieser Vorgang stattfindet, desto mehr entspricht er der ayurvedischen Philosophie. In dieser Zeit wird zunächst das Wasser knisternd verdampfen, außerdem setzt sich auf der Butter das Milcheiweiß ab, es kann vorsichtig abgeschöpft werden, bitte nicht umrühren! Am Topfboden sammelt sich die Molke, sie sollte goldgelb bis leicht bräunlich bleiben und darf keinesfalls verbrennen. Ist die Hitze selbst auf kleinster Stufe zu hoch, einfach die Hitze ausstellen oder den Topf kurz von der Herdplatte ziehen. Das Ghee ist fertig, wenn kein Wasser mehr verdampft und sich kein Schaum mehr bildet, es sollte goldgelb bis bernsteinfarben sein, der Duft ist unbeschreiblich buttrig. Das Ghee wird nun vorsichtig – heiß! – durch ein Tuch oder einen Filter in ein Schraubglas gegossen. Der Bodensatz bleibt im Topf, den Eiweißschaum kann man auch vor dem Filtern schon abschöpfen. Man erhält etwa 200 g Ghee.

▶ Margarine selbst gemacht

50 g	festes Pflanzenfett, z. B. Kokosfett
90 ml	mildes Pflanzenöl, z. B. Raps-, Walnuss- oder Sonnenblumenöl
1 TL	Zitronensaft
1 EL	Milch
1	Eigelb
1	Prise Salz

Das feste Pflanzenfett wird mit dem Pflanzenöl in einem Topf auf dem Herd bei mittlerer Hitze geschmolzen und in ein hohes Rührgefäß umgefüllt. In das warme Fett werden Zitronensaft, Milch, Eigelb und Salz gegeben und sofort mit den Rührbesen des Handmixers oder dem Mixstab untergerührt. Die Margarine im Kühlschrank etwa 1 Stunde kühlen und anschließend cremig aufschlagen. Sie ist für etwa 2 Wochen haltbar.

▶ Erdnussbutter

Na gut, geschummelt, eigentlich müsste es Erdnusscreme heißen, denn der Begriff Butter ist laut deutschem Gesetz dem Kuhmilchprodukt vorbehalten, aber wir wissen ja was gemeint ist. Wer einen leistungsfähigen Mixer hat, sollte diese unglaubliche Leckerei einmal selbst zubereiten.

- **200 g** ungesalzene Erdnüsse
- **50 g** gesalzene Erdnüsse
- **10 g** Honig
- **5 g** Zucker
- **10 ml** Sonnenblumenöl

Beide Erdnusssorten werden mit den restlichen Zutaten im Mixer zu feinem Mus zerkleinert, dabei setzt sich zunächst das Erdnussöl ab, das aber wieder untergerührt wird. Wer möchte, rührt einige gehackte Erdnüsse für den Crunch unter.

▶ Kräuterbutter

- **1** rote Zwiebel
- **1** Knoblauchzehe
- **10** Stängel Petersilie
- **4** Stängel Basilikum
- **½ TL** Meersalz
- **1** Prise Cayennepfeffer
- **1 TL** Senf, alternativ 2 Spritzer Worcestershire-Sauce
- **250 g** zimmerwarme Butter
- **50 ml** Olivenöl

Die Zwiebel und die Knoblauchzehe werden geschält und in feine Würfel geschnitten bzw. durch eine Knoblauchpresse gedrückt. Die Blätter von der Petersilie und dem Basilikum werden abgezupft und fein gehackt. Die vorbereiteten Zutaten mit den Gewürzen, nämlich Salz, Pfeffer und Senf sowie mit der Butter und dem Öl in ein Rührgefäß geben und mit den Rührbesen des Handrührgerätes gründlich verrühren. Die Kräuterbutter anschließend auf Frischhaltefolie zu einer Rolle drehen und im Kühlschrank fest werden lassen. Ausgepackt kann sie dann in etwa 1 cm dicke Scheiben geschnitten werden, sie ist etwa 2 Wochen im Kühlschrank haltbar oder kann so auch für etwa 3 Monate eingefroren werden.

▶ Estragon-Zitronen-Butter

3	Stängel Estragon
1	Knoblauchzehe
1 EL	Zitronensaft
½ TL	Zitronenschalenabrieb
1	Prise schwarzer, gemahlener Pfeffer
125 g	zimmerwarme, gesalzene Butter

Die Blätter vom Estragon werden fein gehackt, die Knoblauchzehe wird geschält und durch eine Knoblauchpresse gedrückt. Die vorbereiteten Zutaten werden mit Zitronensaft und -schalenabrieb sowie Pfeffer zu der Butter in ein Rührgefäß gegeben und mit den Rührbesen oder den Knethaken des Handrührgerätes gründlich verrührt. Die Estragon-Zitronen-Butter anschließend auf Frischhaltefolie zu einer Rolle drehen und im Kühlschrank fest werden lassen. Ausgepackt kann sie dann in etwa 1 cm dicke Scheiben geschnitten werden, sie ist etwa 1 Woche im Kühlschrank haltbar oder kann so auch für etwa 3 Monate eingefroren werden.

▶ Walnuss-Gorgonzola-Butter

35 g	Walnusskerne
½ TL	schwarzer, gemahlener Pfeffer
60 g	zimmerwarmer Gorgonzola
125 g	zimmerwarme, gesalzene Butter

Die Walnusskerne werden in einer Pfanne auf dem Herd bei mittlerer Hitze angeröstet und gehackt. Zusammen mit Pfeffer, Gorgonzola und Butter werden sie in ein Rührgefäß gegeben und mit den Knethaken des Handrührgerätes gründlich verrührt. Die Walnuss-Gorgonzola-Butter anschließend auf Frischhaltefolie zu einer Rolle drehen und im Kühlschrank fest werden lassen. Ausgepackt kann sie dann in etwa 1 cm dicke Scheiben geschnitten werden, sie ist etwa 1 Woche im Kühlschrank haltbar oder kann so auch für etwa 3 Monate eingefroren werden.

▶ Chili-Tomaten-Knoblauch-Butter

1 EL	Sesamkörner
4	Kirschtomaten
1	rote Chilischote
6	Knoblauchzehen
3	Stängel Petersilie
1	Bio-Limette
1 EL	Tomatenmark
1 TL	Salz
250 g	zimmerwarme Butter

Die Sesamkörner werden in einer Pfanne auf dem Herd bei mittlerer Hitze angeröstet. Die Kirschtomaten und die Chilischote werden entstielt und entkernt und in feine Würfel geschnitten. Die Knoblauchzehen werden geschält und durch eine Knoblauchpresse gedrückt. Die Blätter von der Petersilie werden fein gehackt. Die Schale der Limette wird abgerieben, dabei nicht zu viel von der weißen Haut mitabreiben, denn sie schmeckt bitter. Die Limette auspressen. Die vorbereiteten

Zutaten werden zusammen mit dem Tomatenmark, dem Salz und der Butter in ein Rührgefäß gegeben und mit den Knethaken des Handrührgerätes gründlich verrührt. Die Chili-Tomaten-Knoblauch-Butter anschließend auf Frischhaltefolie zu einer Rolle drehen und im Kühlschrank fest werden lassen. Ausgepackt kann sie dann in etwa 1 cm dicke Scheiben geschnitten werden, sie ist etwa 1 Woche im Kühlschrank haltbar oder kann so auch für etwa 3 Monate eingefroren werden.

Marmelade aufs Brot –
Selbst gemacht schmeckt einfach 1000mal besser

Im üblichen Sprachgebrauch verstehen wir unter Marmelade ein mit Zucker eingekochtes Obstpüree ohne oder auch mit Stücken, Gelee hingegen wird aus Fruchtsaft gekocht. Die europäische Gesetzgebung sieht das natürlich alles etwas differenzierter, für den heimischen Vorrat ist aber einzig und alleine das Obst entscheidend und das sollte immer auf das Glas geschrieben werden, zusammen mit dem Herstellungsjahr. Am besten ist es, wenn die Marmelade vor der nächsten Saison verbraucht ist und Platz für die neuen Gläser macht. Selbst gemachte Marmeladen sind immer ein schönes Mitbringsel, durch zusätzliche Aromen werden sie zu etwas Besonderem, das es nicht überall zu kaufen gibt.

In der Hauptsache werden also vollreife, aromatische Früchte sowie Gelierzucker benötigt. Es gibt verschiedene Dosierungen von Gelierzucker im Handel zu kaufen, die Verhältniszahl drückt dabei die Menge von Frucht zu Zucker aus. Es ist nun durchaus eine Gratwanderung zu entscheiden, ob man weniger Zucker verwenden möchte, um mehr Geschmack zu haben, denn der Zucker sorgt für die Haltbarkeit der Marmelade. Wird sein Anteil herabgesetzt, so wird das im Handel durch zugesetzte Konservierungsstoffe ausgeglichen.

Die Marmelade sollte in heiß ausgespülte Schraubgläser abgefüllt werden, Sauberkeit ist hier entscheidend, damit die Marmelade nicht vorzeitig schimmelt. Stellt man das heiße, zugeschraubte Glas kurz auf den Deckel, sterilisiert die heiße Marmelade den Glasrand und den Deckel. Wieder umgedreht entsteht beim vollständigen Abkühlen ein Vakuum, der Deckel wölbt sich nach innen.

Es empfiehlt sich vor dem Abfüllen eine Gelierprobe zu machen, um zu überprüfen, ob die Marmelade fest wird. Dafür wird ein Esslöffel der fertigen Marmelade auf einen Teller gegeben, wird sie dort fest, kann die heiße Marmelade abgefüllt werden. Manche Fruchtsorten enthalten mehr Pektin und gelieren dadurch stärker. Durch Zugabe von Zitronensäure zu pektinarmen Früchten kann dies ausgeglichen werden. Sollte sich auf der Marmelade Schaum gebildet haben, wird dieser nicht mitabgefüllt, er würde die Haltbarkeit herabsetzen.

▶ Gelierzucker 1:1

Obstpüree geliert durch Pektin, das natürlicherweise in Apfelschalen enthalten ist, aus denen man es ganz einfach selbst extrahieren kann. So kann man seinen Gelierzucker 1:1 selbst herstellen:

500 g Apfelschalen und -gehäuse
1 l Wasser
1 kg Früchte
1 kg Zucker

Apfelschalen und -gehäuse werden eine ¾ Stunde im Wasser gekocht. Die Masse wird püriert und durch ein feines Sieb passiert. Die gewünschten Früchte werden vorbereitet, mit dem Zucker aufgekocht und püriert. Dann wird der pektinreiche Apfelsaft untergerührt und die Masse erneut aufgekocht. Nach der Gelierprobe wird die Marmelade in vorbereitete Schraubgläser abgefüllt.

▶ Erdbeermarmelade mit Basilikum und Ingwer

   1 kg Erdbeeren
   5   Stängel Basilikum
   1   Vanilleschote
  50 ml Zitronensaft
 350 g   Gelierzucker 3:1

Die Erdbeeren werden gewaschen, die Stielansätze entfernt und geviertelt. Die Basilikumblätter werden kleingeschnitten. Die Vanilleschote wird halbiert und das Mark ausgekratzt. Nun kommen die vorbereiteten Zutaten zusammen mit Zitronensaft und Gelierzucker in einen großen Topf auf den Herd, die ausgekratzte Vanilleschote kann ebenfalls noch dazugegeben werden. Die Mischung wird unter Rühren zum Kochen gebracht, die Erdbeeren zerfallen dabei von alleine. Nach der auf der Packung angegebenen Kochzeit wird eine Gelierprobe gemacht, die Vanilleschote herausgefischt und die Erdbeermarmelade in vorbereitete Schraubgläser abgefüllt.

▶ Rhabarbermarmelade

   1 kg   Rhabarber
 100 ml   Kirschsaft
   1   Vanilleschote
 500 g   Gelierzucker 2:1

Der Rhabarber wird gewaschen, geputzt und in 1 cm große Stücke geschnitten. Die Rhabarberstücke werden mit dem Kirschsaft in einen großen Topf gegeben und auf dem Herd 5 Minuten gekocht. Die Vanilleschote wird halbiert und das Mark ausgekratzt. Vanillemark und -schote sowie Gelierzucker werden zum gekochten Rhabarber gegeben und verrührt. Die Masse darf jetzt zunächst 3 Stunden ruhen, dann wird die Vanilleschote herausgefischt und die Masse erneut aufgekocht. Nach der auf der Packung angegebenen Kochzeit wird eine Gelierprobe gemacht – die Rhabarberstücke sollten jetzt zerkocht sein – und die Rhabarbermarmelade in vorbereitete Schraubgläser abgefüllt.

▶ Brombeermarmelade

1 kg	Brombeeren
1	Vanilleschote
50 ml	Zitronensaft
500 g	Gelierzucker 2:1

Die Brombeeren werden durch ein feines Sieb passiert, um die Kerne zu entfernen, am besten geht das in der flotten Lotte. Die Vanilleschote wird halbiert und das Mark ausgekratzt. Vanillemark und -schote sowie Zitronensaft und Gelierzucker werden zu der Brombeermasse in einen großen Topf auf den Herd gegeben und aufgekocht. Nach der auf der Packung angegebenen Kochzeit wird eine Gelierprobe gemacht und die Brombeermarmelade in vorbereitete Schraubgläser abgefüllt.

▶ Pflaumenmarmelade

1 kg	Pflaumen
1	Vanilleschote
2 TL	Zimt
2 Msp.	gemahlene Nelken
2 Msp.	gemahlener Anis
500 g	Gelierzucker 2:1
50 ml	Rum

Die Pflaumen werden gewaschen, entkernt und geviertelt. Die Vanilleschote wird halbiert und das Mark ausgekratzt. Vanillemark und -schote sowie Zimt, Nelken-, Anispulver und Gelierzucker werden mit den Pflaumenvierteln in einem großen Topf verrührt und 3 Stunden ziehen gelassen. Die Masse wird püriert und aufgekocht. Nach der auf der Packung angegebenen Kochzeit wird eine Gelierprobe gemacht, der Rum untergerührt und die Pflaumenmarmelade in vorbereitete Schraubgläser abgefüllt.

▶ Johannisbeergelee

- **950 ml** Johannisbeersaft (s. S. 115)
- **1 kg** Gelierzucker 1:1
- **1** Vanilleschote
- **50 ml** Johannisbeerlikör (Aufgesetzter, s. S. 113)

Der Johannisbeersaft wird mit dem Gelierzucker, dem Vanillemark und der -schote aufgekocht. Nach der auf der Packung angegebenen Kochzeit wird eine Gelierprobe gemacht, die Vanilleschote herausgefischt und der Likör untergerührt. Das Johannisbeergelee wird in vorbereitete Schraubgläser abgefüllt.

Aufstriche –
Für die perfekte Brotzeit

Wer auf Wurstwaren verzichtet und vielleicht auch den Käse reduzieren möchte, ist schnell ratlos was er denn aufs Pausenbrot zum Mitnehmen legen soll. Hier sind selbst gemachte Aufstriche die Lösung, sie sind preiswert, schnell gemacht und manche Zutaten kann man gut lagern, für den Fall, dass einem mal plötzlich der Belag ausgeht. Beim Selbermachen hat man zudem Einfluss auf die Menge und die Art der verwendeten Inhaltsstoffe und auf den Dosenbeigeschmack, der manchen Industrieprodukten anhaftet, kann man sowieso gerne verzichten.

▶ Kidneybohnenaufstrich

1	Dose Kidneybohnen à 410 g, Abtropfgewicht
100 g	Röstzwiebeln
100 g	zimmerwarme Butter
½ TL	Majoran
	Salz und Pfeffer

Die abgetropften Kidneybohnen werden zusammen mit den Röstzwiebeln püriert. Das muss je nach Geschmack gar nicht so fein sein. Die Butter und der Majoran werden hinzugefügt und untergemixt. Mit Salz und Pfeffer abschmecken und in Schraubgläser abfüllen. Der Aufstrich hält sich im Kühlschrank etwa 1 Woche. Durch die Röstzwiebeln und den Majoran erinnert er an Leberwurst.

▶ Champignonaufstrich

5 g	getrocknete Steinpilze
50 ml	Wasser
120 g	Sonnenblumenkerne
2	Zwiebeln
1	Knoblauchzehe
250 g	Champignons
2 EL	Sonnenblumenöl
¼ TL	getrockneter Thymian
je 2	Stängel Basilikum und Petersilie
1	Spritzer Zitronensaft
¼ TL	Salz
	Pfeffer und Muskat

Die Steinpilze werden in dem Wasser für mindestens 20 Minuten eingeweicht. Die Sonnenblumenkerne werden in einer Pfanne auf dem Herd bei mittlerer Hitze geröstet und zum Abkühlen auf einen Teller gegeben. Die Zwiebeln und die Knoblauchzehe werden geschält und fein gewürfelt bzw. durch eine Knoblauchpresse gedrückt. Die Champignons werden geputzt und kleingeschnitten. Das Öl wird in einer Pfanne auf dem Herd erhitzt und die Zwiebel- und Knoblauchwürfel darin angedünstet. Die Champignons werden hinzugegeben und ebenfalls angedünstet. Schließlich werden die eingeweichten Steinpilze mit dem Einweichwasser und dem Thymian zugegeben und miterhitzt.

Der Inhalt der Pfanne wird mit den angerösteten Sonnenblumenkernen püriert. Das muss je nach Geschmack gar nicht so fein sein. Die Basilikum- und Petersilienblätter werden fein gehackt. Der Champignonaufstrich wird mit Zitronensaft, Salz, Pfeffer und Muskat abgeschmeckt, die gehackten Kräuter werden untergerührt und in Schraubgläser abgefüllt. Der Aufstrich hält sich im Kühlschrank etwa 1 Woche.

▶ Zucchini-Basilikum-Aufstrich

Hier kommt eine ungewöhnliche Zutat zum Einsatz, nämlich Süßlupinenmehl. Es ist sehr eiweißreich und daher in einer vegetarischen Ernährung besonders wertvoll.

3 EL	Rapsöl
3 EL	Süßlupinenmehl
2	Zucchini
3	Stängel Basilikum
2 TL	Zitronensaft
½ TL	Agavendicksaft
½ TL	Salz
1 Msp.	Cayennepfeffer

Das Öl wird in einer Pfanne auf dem Herd bei mittlerer Hitze erhitzt und das Süßlupinenmehl darin angeröstet. Die Zucchini werden von Stiel- und Blütenansatz befreit, halbiert und die Kerne mit einem Teelöffel ausgekratzt. Es werden 330 g Zucchinifleisch benötigt, die gewürfelt werden. Die Zucchinifleischwürfel werden mit den Basilikumblättern püriert, das angeröstete Süßlupinenmehl wird untergerührt. Der Aufstrich wird mit Zitronensaft, Agavendicksaft, Salz und Pfeffer abgeschmeckt und in Schraubgläser abgefüllt. Im Kühlschrank ist er 2 Tage haltbar.

▶ Schokocreme

80 g	gemahlene Haselnüsse
80 g	Zucker
120 g	Zartbitterschokolade
80 g	weiße Schokolade
50 g	Butter
80 ml	zimmerwarme Milch

Die Haselnüsse und der Zucker werden in einer Pfanne auf dem Herd angeröstet. Die beiden Schokoladensorten werden mit der Butter im Wasserbad geschmolzen. Die Haselnuss-Zucker-Mischung wird mit der Milch untergerührt und in Schraubgläser abgefüllt. Im Kühlschrank hält sich die Schokocreme – theoretisch – 2 Wochen.

▶ Fitness-Schokocreme

120 g	gemahlene Haselnüsse
170 ml	fettarme Milch
4 TL	Backkakaopulver
2 EL	Schoko-Proteinpulver

Die Haselnüsse werden in einer Pfanne auf dem Herd angeröstet und mit der Milch, dem Kakao und dem Proteinpulver püriert. Im Kühlschrank hält sich die Creme etwa 1 Woche.

▶ Maronenaufstrich

300 g	gegarte Maronen
20 g	zimmerwarme Butter
2 TL	Zitronensaft
30 g	Vanillezucker

Die Maronen werden mit der Butter, dem Zitronensaft und dem Vanillezucker püriert und in Schraubgläser abgefüllt. Im Kühlschrank ist der Maronenaufstrich etwa 1 Woche haltbar.

Essig und Öl –
Da haben wir den Salat

Bevor wir uns an die beiden wichtigsten Zutaten für die Salatsauce geben, widmen wir uns noch einer besonderen Zutat: Sprossen. Sie können besonders im Winter jeden Rohkostsalat aufpeppen und liefern eine Extraportion Vitamine und Mineralstoffe. Um Sprossen selbst zu ziehen braucht es nur Keimsamen, am besten in Bio-Qualität, und ein Schraubglas mit Plastikdeckel. Der Deckel bekommt mithilfe eines Nagels Löcher, damit das Wasser ablaufen kann oder man nimmt stattdessen ein Netz, das mit einem Gummi über der Öffnung des Glases befestigt wird. Natürlich gibt es auch verschiedenste, komfortable Keimgeräte im Handel zu kaufen.

1 EL Sprossen, z. B. Alfalfa

Die Sprossen in das Glas geben und zunächst 4 Stunden mit Wasser bedeckt einweichen. Dann das Wasser weggießen, die Sprossen mit frischem Wasser durchspülen, das Glas verschließen und umdrehen, sodass das Wasser ablaufen kann. Umgedreht und etwas schräg auf einen Teller stellen, so kann restliches Wasser abtropfen und die Samen stehen nicht mehr im Wasser. Mindestens zweimal am Tag sollten die Samen nun durchgespült werden und nach etwa 6 Tagen hat man fertige Sprossen. Nicht von den weißlichen Faserwurzeln irritieren lassen, das ist kein Schimmel. Die Sprossen vor dem Verzehr noch einmal durchspülen und den feinwürzigen Geschmack genießen.

Aromatisierter Essig

Essig lässt sich mit etwas Geduld aus Äpfeln selbst herstellen, das haben unsere Vorfahren schon vor Jahrhunderten gemacht, um einen Essigsud zum Einkochen von Gemüse zu bekommen. Benötigt wird ein großes Gefäß, das mit heißem Wasser ausgewaschen wird, damit sich keine unerwünschten Keime vermehren, sowie ein Tuch.

▶ Apfelessig

4 Bio-Äpfel

Die Äpfel werden zunächst gewaschen, Stiel und Blütenansatz entfernt und in kleine Stücke geschnitten. Die Apfelstücke werden in das Gefäß gegeben und mit Wasser fingerbreit bedeckt. Dann das Gefäß mit einem Tuch abdecken und eine Woche an einem kühlen Ort stehen lassen, dabei täglich einmal umrühren oder schwenken. Wenn die

Flüssigkeit gärt, das ist an dem weißen Schaum auf der Oberfläche zu erkennen, werden die Äpfel durch ein Tuch abgesiebt. Wer sich an die Zubereitung von Hefewasser (s. S. 17) erinnert fühlt, liegt hier ganz richtig.
Der Essigansatz wird in das gesäuberte Gefäß zurückgegeben und mit einem Tuch verschlossen, denn er muss zum Reifen atmen können und sollte an einem warmen Ort 5–6 Wochen Zeit dafür bekommen. Umrühren ist jetzt nicht mehr nötig. Nach dieser Zeit wird der milde Apfelessig gefiltert, in Flaschen abgefüllt und hält sich für einige Monate.

Übrigens: Sollten Sie Schlieren in der Flüssigkeit entdecken, heben Sie diese nach dem Abfiltern auf. Es handelt sich um die sogenannte Essigmutter, eine Ansammlung von Essigsäurebakterien, je besser sie gewachsen ist, desto größer und fester ist der gallertartige Lappen. Die Essigmutter kann man zum nächsten Essigansatz geben, dann geht es schneller. Sie wird in einem Glas in etwas Essig aufbewahrt. Neben Äpfeln kann man auch mit anderen Obstsorten experimentieren oder mit der Essigmutter beispielsweise einen Wein oder Champagner impfen.

▶ Mediterraner Essig

- **3** Zwiebeln
- **2** Nelken
- **2** Zweige Rosmarin
- **1** Zweig Thymian
- **1** Lorbeerblatt
- **1 l** Weißweinessig

Die Zwiebeln schälen und vierteln, zusammen mit Nelken, Rosmarin, Thymian, Lorbeerblatt und Essig in ein Schraubglas geben. 4 Wochen aromatisieren lassen, dann filtern und abfüllen. Auch dieser Essig ist kühl und dunkel gelagert etwa 1 Jahr haltbar.

▶ Himbeeressig

- **150 g** Himbeeren
- **50 ml** Essigessenz
- **100 ml** Weißwein
- **100 ml** Wasser

Die Himbeeren mit Essigessenz, Weißwein und Wasser in einem Schraubglas 2 Wochen reifen lassen. Die Himbeeren absieben, pürieren und durch ein Sieb streichen. Das Himbeerpüree zum Essig geben, wer will, süßt noch mit 1 TL Honig. Der Himbeeressig hat jetzt eine fantastische Farbe und ist im Kühlschrank 4–6 Monate haltbar.

Aromatisierte Öle

Öl lässt sich wunderbar aromatisieren. Damit der Geschmack der Aromen gut zur Geltung kommt, verwendet man am besten ein neutrales, kaltgepresstes Öl wie Raps- oder Sonnenblumenöl. Kräftige Kräuter wie Rosmarin oder Thymian vertragen auch ein geschmacklich intensiveres Öl, z. B. natives Olivenöl. Die Kräuter sind am aromatischsten, wenn sie vor der Blüte geerntet werden, am besten vormittags nachdem der nächtliche Tau abgetrocknet ist, aber bevor sie in der Sonne stehen. Es ist wichtig, dass die Blätter absolut trocken sind, denn anhaftendes Wasser könnte dazu führen, dass das Aromaöl verdirbt. Stellen Sie am besten nur kleine Mengen her und lagern Sie sie kühl und dunkel, dann sind die Öle einige Monate haltbar. Aromatisierte Öle sollten nicht erhitzt werden, als geschmackliche Verfeinerung in Salaten oder ein paar Tropfen auf einer leckeren Suppe bringen ihr Potential zur vollen Entfaltung.

▶ Basilikumöl

3	Zweige Basilikum
3	schwarze Pfefferkörner
150 ml	Sonnenblumenöl

Die Basilikumblätter grob kleinschneiden und für 2 Tage welken lassen, damit sich der hohe Wassergehalt reduziert. Anschließend zusammen mit den Pfefferkörnern mit dem Öl bedecken und 2 Wochen ziehen lassen, dann absieben und in eine Flasche abfüllen. Die ölgetränkten Basilikumblätter können gebraten werden und sind so ein knuspriges Topping für Tomaten.

▶ Knoblauch-Chili-Öl

3	Knoblauchzehen
1 EL	bunter Pfeffer
2 rote	Chilischoten
500 ml	Olivenöl

Der Knoblauch wird geschält und mit dem Messerrücken plattgedrückt, ebenso die Pfefferkörner plattdrücken. Chilischoten waschen, trocknen, den Stielansatz entfernen und in Ringe schneiden. Diese Zutaten zusammen mit dem Öl in einen Topf geben und für 2 Stunden auf kleinster Stufe ziehen lassen. Es geht nur darum, dass die Aromen durch etwas Wärme

besser in das Öl übergehen, keinesfalls sollte das Öl zu heiß werden. Anschließend in eine Flasche abfüllen und erst nach dem vollständigen Erkalten verschließen, damit sich kein Kondenswasser bildet. Die Zutaten können dekorativ mit abgefüllt werden, sie sollten aber immer mit Öl bedeckt sein, damit sie nicht schimmeln.

▶ Orangenöl

2	Bio-Orangen
150 ml	Rapsöl

Die Orangenschale wird so abgeschält, dass möglichst wenig weiße, bittere Haut mitgeschält wird. Die Streifen in kleinere Stücke schneiden und in dem Öl 2 Wochen ziehen lassen, dann absieben und in eine Flasche abfüllen. Probieren Sie dieses Öl auch ruhig einmal mit einem Vanilleeis.

Grundlagen Einmachen, Einkochen – Haltbarmachen für Monate

Einkochen wird auch als Einmachen oder Einwecken, nach einem großen Hersteller von Einkochzubehör, bezeichnet. Es meint das Erhitzen und dadurch Vakuumieren von Lebensmitteln wie Obst, Gemüse, Wurst oder Kuchen. Es kann zusätzlich zu anderen Methoden der Konservierung wie Salzen, Zuckern, Säuern oder Pökeln angewendet werden und hat gegenüber dem Einfrieren den Vorteil, dass nur beim Einkochprozess selbst Energie verbraucht wird, nicht aber während der Lagerung. Um Obst und Gemüse haltbar zu machen, braucht es entsprechende Gläser. Bei der Auswahl der Größe sollte man überlegen wie viele Personen im Haushalt leben, es ist einfach netter, wenn man nicht drei Tage an einem Literglas Eingemachtem essen muss. In der Regel handelt es sich um eine einmalige Anschaffung, denn die Gläser können wiederverwendet werden. Vielleicht findet sich im Keller oder auf dem Dachboden auch noch eine geerbte Gläsersammlung, die darauf wartet, wiedergenutzt zu werden. Wenn die Ränder einwandfrei sind und beim vorsichtigen Darüberfühlen mit dem Finger sich keine Scharten aufweisen spricht nichts dagegen. In der Regel sind auch die Klammern noch einwandfrei, selbst wenn sie etwas Rost angesetzt haben. Besonders kritisch sollte man bei den Gummiringen sein. Sie dürfen nicht eingerissen oder porös sein, da sicherheitshalber auf neue, passende Ringe setzen. An den Ringen erkennt man dann auch, ob ein Glas nach dem Einkochen luftdicht verschlossen ist, denn wenn die Lasche nach oben zeigt ist alles in Ordnung. Ist beim Einkochen etwas schief gegangen,

kann man den Inhalt leider nicht mehr erneut
einkochen. Auch während der gesamten Lager-
dauer sollte immer mal wieder kontrolliert
werden, ob die Gläser noch dicht sind. Dafür
bietet es sich an, die Gläser mit der Lasche in
die gleiche Richtung einzusortieren, so erkennt
man das mit einem Blick und witzig aussehen
tut es obendrein.

Besonders für Marmelade empfehlen sich
Schraubgläser, die es ebenfalls in verschie-
denen Größen und mit hübschen Deckeln zu
kaufen gibt. Wer gebrauchte Gläser verwenden
möchte, sollte darauf achten, dass der Glasrand
einwandfrei ist und die Deckel nicht verbogen
oder verfärbt sind. Auch hier dann besser neue Deckel verwenden.

Manchmal riechen die Deckel auch nach dem vorigen Inhalt, Obst oder
Marmelade sollten lieber nicht mit einem Deckel verschlossen werden,
der nach Essiggurken riecht. Ist der Schraubdeckel nach dem Abkühlen
nach innen gewölbt und knackt nicht, ist das Glas dicht, die Haltbarkeit
für üblicherweise ein Jahr ist gewährleistet.

Grundsätzlich empfiehlt es sich, Glaskonserven kühl und dunkel zu
lagern, sonst können einige Lebensmittel, wie zum Beispiel Erdbeeren,
mit der Zeit grau werden. Die Gläser sollten immer beschriftet werden,
um Rätselraten zu vermeiden, und zwar mindestens mit dem Jahr, am
besten auch mit der Obst- bzw. Gemüsesorte und den verwendeten
Gewürzen. Am schönsten ist es, die Vorräte vor der neuen Saison
aufzubrauchen, dann hat man immer das frischest mögliche Lebensmittel. War ein Jahr besonders ertragreich, kann man auch individuelle
Geschenke kreieren, indem man ein schönes Schildchen gestaltet und
vielleicht noch einen hübschen Stoff über den Deckel zieht.

Wie immer in der Küche ist auch für die Vorratsherstellung eine ge-

Grundlagen Einmachen, Einkochen

wisse Planung sinnvoll, um im richtigen Moment alles Nötige parat zu haben. Beim Einkochen ist die Vorbereitung der Gläser ein wichtiger Punkt. Die Gläser sollten mindestens sehr heiß ausgespült werden, wer ganz auf Nummer sicher gehen möchte, sterilisiert sie sogar fünf Minuten in kochendem Wasser. Die Gläser werden dann mit der Öffnung nach unten auf ein sauberes Küchenhandtuch gestellt, sie werden nicht abgetrocknet. Auch Deckel und Gummiringe werden heiß gespült und zum Abtropfen auf ein sauberes Küchenhandtuch gelegt. Ein weiteres sauberes Küchenhandtuch deckt die Utensilien bis zu ihrer Verwendung ab.

Nun aber zum Inhalt: Es versteht sich von selbst, dass zum Einkochen nur die schönsten Früchte verwendet werden, denn faule Stellen können zum ungewollten Verderben führen. Das Obst oder Gemüse sollte vollreif geerntet werden, dann hat es den optimalen Geschmack. Überreifes Obst und Gemüse verdirbt schneller oder wird beim Einkochen matschig, da wäre es schade um die investierte Arbeit. Das jeweilige Rezept gibt Aufschluss über die Verarbeitung der Zutaten. Übrigens ist der Vitaminverlust bei Obst und Gemüse trotz des Erhitzens kaum höher als durch übliches Garen. Zwar verliert Obst bis zu 40 Prozent seines Vitamin-C-Gehalts und Gemüse bis zu 60 Prozent, bei Beta-Carotin sind es bis zu 40 Prozent im Obst und bis zu 20 Prozent im Gemüse, dafür gehen aber die Mineralstoffe beim Einkochen teilweise in den Sud über.

Die Zutaten werden grundsätzlich nur bis etwa 2 Zentimeter unterhalb des Glasrandes eingefüllt, damit sie sich noch ein wenig ausdehnen können, aber eben nicht überkochen. Wenn beim Einfüllen etwas daneben ging, müssen die Glasränder vor dem Verschließen mit einem frischen Tuch sauber abgewischt werden. Besonders zum Abfüllen von flüssigen oder breiigen Zutaten ist ein Einfülltrichter mit einer größeren Öffnung praktisch, denn dann gibt es erst gar keine Kleckerei. Auch dieses Utensil kann zur Vorbereitung heiß abgespült werden. Nun wird der Gummiring glatt auf den Glasrand gelegt, am besten wird er dabei möglichst nur an der Lasche angefasst, und der Deckel wird aufgesetzt. Deckel und Glas werden mithilfe von Klammern miteinander fixiert, je nach System verwendet man dafür 2 Klammern überkreuz oder 3 Federklammern. Schraubgläser werden fest, aber nicht zu fest zugeschraubt, damit auch hier beim Einkochen die Luft entweichen kann und sich beim Abkühlen das Vakuum ausbildet.

Gemeinsam eingekocht werden können immer nur Gläser der gleichen Größe, damit die Einkochzeit identisch ist. Dafür gibt es prinzipiell zwei Möglichkeiten, nämlich im Backofen oder in einem großen Topf. Grundsätzlich läuft das Einkochen im Backofen nach dem folgenden Schema ab, sicherheitshalber richtet man sich aber immer nach der Anleitung des Backofenherstellers, die unter Umständen im Detail abweichen kann:

Die gefüllten und verschlossenen Gläser werden in die Fettpfanne des Backofens gestellt, und zwar so, dass die Gläser sich nicht berühren. Die Fettpfanne wird etwa 2 Zentimeter hoch mit Wasser gefüllt. Damit die Einmachgläser keinen Temperaturschock bekommen und unter Umständen platzen, nimmt man Wasser mit einer ähnlichen Temperatur wie das Einkochgut. Die Fettpfanne wird in die unterste Schiene des Backofens geschoben.

Obst wird bei 150–180°C eingekocht, und zwar am besten bei Ober-/Unterhitze, denn Umluft könnte die Gummiringe porös machen. Wenn die Flüssigkeit im Glas perlt, wird der Backofen ausgestellt und die Gläser bleiben für etwa 25–35 Minuten im heißen Backofen stehen. Gemüse wird bei 190–200°C Ober-/Unterhitze eingekocht, bis Luftbläschen im Glas aufsteigen. Jetzt beginnt die eigentliche Einkochzeit, dafür wird die Temperatur auf 150°C zurückgestellt. Je nach Gemüseart beträgt die Einkochzeit 25–90 Minuten, danach bleiben die Gläser für weitere 30 Minuten im heißen Backofen stehen.

Nach der Ruhezeit im geschlossenen Backofen werden die Gläser vorsichtig herausgenommen. Am praktischsten ist es, sie auf ein Tablett oder Gitter zu stellen, das mit einem Handtuch ausgelegt wurde, denn bis zum vollständigen Erkalten sollten die Gläser möglichst nicht bewegt werden. Man stellt also das Tablett mit den abgedeckten Schätzen einfach an einen ruhigen Ort, wo das gewährleistet ist. Ein weiteres Handtuch deckt sie ab und schützt vor zu schnellen Temperaturschwankungen, generell ist es einfach wichtig, große Temperaturunterschiede zu vermeiden. Erst wenn die Gläser vollständig erkaltet sind, werden die Klammern gelöst und wie oben beschrieben überprüft, ob der Einkochprozess erfolgreich war.

Einkochen im Topf funktioniert ähnlich, hier werden die gefüllten und verschlossenen Gläser in einen großen Topf gestellt, ohne dass sie sich berühren. Der Topf wird mit Wasser gefüllt, bis die Gläser zu drei Vierteln darinstehen, auch hier wieder auf eine ähnliche Temperatur mit dem Einkochgut achten, damit die Gläser keine Spannung bekommen und platzen. Der Topf wird auf dem Herd erhitzt, mit einem Thermometer wird die Wassertemperatur überprüft. Die Einkochzeit beginnt, wenn die im Rezept genannte Temperatur erreicht ist. Nach der Einkochzeit werden die Gläser vorsichtig aus dem Wasserbad herausgenommen und ebenso behandelt wie vorher beschrieben. Um die heißen Gläser möglichst gefahrlos bewegen zu können, ist eine große Glaszange oder ein Glasheber hilfreich. Optimiert für diesen Prozess ist ein sogenannter Einkochtopf für den Herd oder ein Einkochautomat für die Steckdose, der dann auch gerne für Glühwein oder heißen Kakao in größeren Mengen benutzt wird. Hier kann entweder die gewünschte Temperatur genau eingestellt oder an einem Thermometer im Deckel abgelesen werden. Die Gläser werden auf ein eingepasstes Metallgestell platziert und können damit auch einfach entnommen werden. Während des Einkochens werden die Gläser übrigens auf dem Blech oder Topfboden klappern, wen das zu sehr stört, der kann Abhilfe mit einem untergelegten Handtuch oder Zahnstochern schaffen.

Gemüse haltbar machen –
Auch im Winter genießen

Die Fülle der sommerlichen Ernte für den Winter zu konservieren war in früheren Zeiten überlebenswichtig. Auch heute ist Vorratshaltung ein menschliches Grundbedürfnis, wenn auch mehr aus dem Bedürfnis heraus zu wissen was man isst und woher es kommt. Die Grundprinzipien sind die gleichen geblieben, besonders die Milchsäuregärung bzw. das essigsaure Einlegen und eventuell anschließende Einkochen sind energetisch gesehen besonders nachhaltig.

▶ Sauerkraut

1 Weißkohl
Meersalz
Kümmelsamen
Dillspitzen
Wasser

Der Weißkohl wird geviertelt, der Strunk und die äußeren Blätter werden entfernt. Die Viertel werden in feine Streifen geschnitten und in einer großen Schüssel mit Salz gemischt, pro 1 kg Weißkohl werden 10 g Salz benötigt. Nun wird etwa 10 Minuten kräftig geknetet, dadurch werden die Zellwände geöffnet und der Weißkohlsaft tritt aus. Kümmelsamen und Dillspitzen werden untergearbeitet, die jeweilige Menge richtet sich nach dem persönlichen Geschmack. Die Masse wird in heiß ausgespülte Schraubgläser geschichtet, der Weißkohlsaft wird auf die Gläser verteilt. Beim Einschichten sollte das Kraut richtig fest in die Gläser gepresst werden, damit möglichst wenig Luft zwischen den Krautstreifen verbleibt, bis zum Rand bleiben allerdings zwei Zentimeter frei. Die Gläser werden mit kochendem Wasser aufgefüllt, das Kraut soll knapp bedeckt sein. Die Ränder werden mit einem sauberen Tuch gereinigt und die Gläser verschlossen. Am besten werden sie auf ein Tablett mit einem hohen Rand gestellt, denn während der Reifung kann Flüssigkeit austreten. Für 2–3 Wochen sollte das Kraut jetzt bei Zimmertemperatur stehen, aufsteigende Bläschen zeigen, dass die Milchsäuregärung im Gang ist und das Sauerkraut entsteht. Es ist kühl und dunkel gelagert etwa 6 Monate haltbar, natürlich kann es auch eingekocht und damit für etwa 1 Jahr konserviert werden.

▶ Kimchi

Kimchi ist das klassische, fermentierte Gemüse der koreanischen Küche und kommt traditionell bei jeder Mahlzeit auf den Tisch.

1	Chinakohl
2–3 EL	Meersalz
	Wasser
1	Möhre
4	Frühlingszwiebeln
1	Stück (etwa 3 cm) Ingwer
4	Knoblauchzehen
1	Chilischote
½ EL	Agavendicksaft
2 TL	edelsüßes Paprikapulver
2	Lorbeerblätter
3	Wacholderbeeren

Der Chinakohl wird geviertelt, der Strunk und die äußeren Blätter werden entfernt. Die Viertel werden in Stücke geschnitten und in einer großen Schüssel mit dem Salz gemischt. Nun wird der Chinakohl mit

Wasser bedeckt und für 3 Stunden stehen gelassen. Die Möhre wird geschält und in feine Streifen geschnitten, die Frühlingszwiebeln werden geputzt und ebenfalls in Streifen geschnitten. Der Ingwer und die Knoblauchzehen werden geschält und in feine Würfel geschnitten. Die Chilischote wird halbiert, Trennwände und Kerne werden entfernt, und die Schote in feine Würfel geschnitten. Der Chinakohl wird in einem Sieb unter fließendem Wasser abgespült. Die vorbereiteten Gemüse sowie der Agavendicksaft und die restlichen Gewürze werden mit den Händen untergeknetet, die Masse wird in heiß ausgespülte Schraubgläser geschichtet. Beim Einschichten sollte das Gemüse richtig fest in die Gläser gepresst werden, damit möglichst wenig Luft zwischen den Gemüsestücken verbleibt, bis zum Rand bleiben allerdings zwei Zentimeter frei. Das übriggebliebene Salzwasser wird in die Gläser verteilt und mit Wasser aufgefüllt, bis das Gemüse knapp bedeckt ist. Die Ränder werden mit einem sauberen Tuch gereinigt und die Gläser verschlossen. Am besten werden sie auf ein Tablett mit einem hohen Rand gestellt, denn während der Reifung kann Flüssigkeit austreten. Für 1 Woche sollte das Kimchi jetzt bei Zimmertemperatur stehen, aufsteigende Bläschen zeigen, dass die Milchsäuregärung im Gang ist. Im Kühlschrank wird die Reifung unterbrochen und das Kimchi ist etwa 6 Wochen haltbar.

▶ Rotkohl

1	Rotkohl
1	Zwiebel
2 EL	Gänseschmalz
1 EL	brauner Zucker
2 EL	Rotweinessig
150 ml	Gemüsebrühe
3	Lorbeerblätter
2	Wacholderbeeren
2	Gewürznelken
50 g	Johannisbeergelee (s. S. 77)
½ TL	Orangenschalenabrieb
	Salz und Pfeffer

Der Rotkohl wird geviertelt, der Strunk und die äußeren Blätter werden entfernt. Die Viertel werden in Streifen geschnitten. Die Zwiebel wird geschält und in Würfel geschnitten. Das Gänseschmalz wird in einem großen Topf auf dem Herd geschmolzen, die Zwiebelwürfel werden darin angedünstet, der Zucker wird leicht karamellisiert und mit Essig und Brühe abgelöscht. Die Rotkohlstreifen, die Lorbeerblätter, die Wacholderbeeren und die Nelken werden hinzugefügt und 20 Minuten leicht köchelnd gegart. Der Rotkohl wird mit Johannisbeergelee, Orangenschalenabrieb, Salz und Pfeffer abgeschmeckt und in heiß ausgespülte Schraubgläser eingeschichtet.

Zum Einkochen werden die Gläser in einen großen Topf gestellt, der mit heißem Wasser gefüllt wird. Die Gläser sollten zu drei Vierteln im Wasser stehen. Der Topf samt Inhalt wird auf dem Herd zum Kochen gebracht, steigen in den Gläsern Luftblasen auf, wird der Rotkohl für 2 Stunden am Kochen gehalten. Nach der Einkochzeit werden die Gläser vorsichtig aus dem heißen Wasserbad genommen und zwischen Handtüchern auf einem Gitter abkühlen gelassen. Die Deckel sollten im kalten Zustand alle nach innen gewölbt sein, dann war der Einkochprozess erfolgreich und der Rotkohl ist etwa 1 Jahr haltbar.

▶ Bohnen

800 g	grüne Bohnen
1½ l	Wasser
30 g	Meersalz
1	Prise Zucker

Die Bohnen werden geputzt und in mundgerechte Stücke geschnitten. Das Wasser wird mit dem Salz und dem Zucker aufgekocht und die Bohnenstücke darin 5 Minuten gegart. Die Bohnen werden in heiß ausgespülte Schraubgläser gefüllt, der Garsud wird noch einmal aufgekocht und auf die Gläser verteilt. Der Rand der Gläser wird mit einem sauberen Tuch gereinigt und die Gläser werden verschlossen. Zum Einkochen werden die Gläser in einen großen Topf gestellt, der mit heißem Wasser gefüllt wird. Die Gläser sollten zu drei Vierteln im Wasser stehen. Der Topf samt Inhalt wird auf dem Herd zum Kochen gebracht, steigen in den Gläsern Luftblasen auf, werden die Bohnen für 2 Stunden am Kochen gehalten. Nach der Einkochzeit werden die Gläser vorsichtig aus dem heißen Wasserbad genommen und zwischen Handtüchern auf einem Gitter abkühlen gelassen. Die Deckel sollten im kalten Zustand alle nach innen gewölbt sein, dann war der Einkochprozess erfolgreich und die Bohnen sind etwa ein Jahr haltbar.

▶ Kürbis

Kürbis ist so ein leckeres Herbstgemüse, je nach Sorte sind die Kürbisköpfe riesig und würden eine Familie glatt den ganzen Winter ernähren. Damit er sich solange hält, ist Einlegen die Methode der Wahl.

400 g	Muskatkürbis
2	kleine, rote Chilischoten
1	Bio-Zitrone
200 ml	Apfelessig
200 ml	Apfelsaft
10	schwarze Pfefferkörner
6	Gewürznelken
2	Lorbeerblätter
2	Stück Sternanis
2 EL	Zucker
1 TL	Salz

Der Muskatkürbis wird geschält und in mundgerechte Würfel geschnitten. Die Chilischoten werden halbiert, die Trennwände und die Kerne werden entfernt, die Chilischoten werden in kleine Würfel geschnitten. Die Schale der Zitrone wird abgeschält, dabei möglichst wenig von der weißen Schale mitschälen, denn sie schmeckt bitter. Die Zutaten werden in einem Sud aus Essig, Apfelsaft, Zitronensaft und -schale sowie den restlichen Gewürzen 12 Minuten geköchelt. Die Kürbiswürfel werden dabei glasig, sollten aber bissfest bleiben. Der pikant eingelegte Kürbis wird mit dem Sud in heiß ausgespülte Schraubgläser verteilt. Nach einer Ruhezeit von 5 Tagen ist er genussfertig und hält sich etwa 6 Monate.

▶ Gurken

So wie Kimchi in der asiatischen Küche gehören saure Gurken in der deutschen Küche eigentlich immer auf den Abendbrottisch, oder?

2,5 kg	Einlegegurken
100 g	Meersalz
5	kleine Zwiebeln
3	Knoblauchzehen
40 g	Meerrettichwurzel
5	kleine, rote Chilischoten
1	Bund Dill
1	Bund Estragon
je 10	weiße und schwarze Pfefferkörner
5	Pimentkörner
5	Gewürznelken
500 ml	Weißweinessig
750 ml	Wasser
250 g	Zucker

Die Gurken werden gewaschen, von Stiel- und Blütenansatz befreit und in 1 cm dicke Scheiben geschnitten. Die Gurkenscheiben werden dann in einer großen Schüssel mit dem Salz vermengt und dürfen abgedeckt über Nacht im Kühlschrank Wasser ziehen. Am nächsten Tag werden sie in einem Sieb abgegossen und unter fließendem Wasser ab-

Gemüse haltbar machen

gespült. Während sie abtropfen, werden die übrigen Zutaten vorbereitet. Die Zwiebeln werden geschält und in feine Ringe geschnitten, die Knoblauchzehen werden geschält und in dünne Scheiben geschnitten. Die Meerrettichwurzel wird geschält und in feine Würfel geschnitten. Die Chilischoten werden halbiert, die Trennwände und die Kerne werden entfernt, die Chilischoten werden in kleine Würfel geschnitten. Die Dill- und Estragonblätter werden abgezupft und zusammen mit den Gurkenscheiben und den vorbereiteten Zutaten sowie den Pfefferkörnern, den Pimentkörnern und den Nelken auf die heiß ausgespülten Schraubgläser verteilt. Für den Sud wird der Essig mit Wasser und Zucker aufgekocht und etwas abgekühlt in die Gläser gefüllt.

Zum Einkochen werden die Gläser in einen großen Topf gestellt, der mit heißem Wasser gefüllt wird. Die Gläser sollten zu drei Vierteln im Wasser stehen. Der Topf samt Inhalt wird auf dem Herd bis 90°C erhitzt und 30 Minuten bei dieser Temperatur gehalten. Nach der Einkochzeit werden die Gläser vorsichtig aus dem heißen Wasserbad genommen und zwischen Handtüchern auf einem Gitter abkühlen gelassen. Die Deckel sollten im kalten Zustand alle nach innen gewölbt sein, dann war der Einkochprozess erfolgreich und die Gurken sind etwa ein Jahr haltbar.

▶ Soleier

Erwischt, Eier sind kein Gemüse und wachsen nicht im Garten, lassen sich aber ebenfalls wunderbar einlegen. Früher waren sie ein beliebter Snack und sollten unbedingt ein Revival erleben. Die Eier werden gepellt und längs aufgeschnitten, das Eigelb wird vorsichtig herausgenommen. In die Kuhle gibt man Salz, Pfeffer, Senf oder Essig, je nach Geschmack, setzt das Ei wieder zusammen und hat einen leckeren, kleinen Happen. Unbedingt einen Versuch wert!

Gemüse haltbar machen

5	Eier
1	Lorbeerblatt
5	schwarze Pfefferkörner
2	Schalotten
1	Knoblauchzehe
1	kleine, rote Chilischote
150 ml	Weißweinessig
1 TL	Meersalz

Die Eier werden hartgekocht, unter kaltem Wasser abgeschreckt und die Schale rundherum angeschlagen. Die Eier werden mit dem Lorbeerblatt und den Pfefferkörnern in ein heiß ausgespültes Schraubglas gegeben. Die Schalotten werden geschält und in Würfel geschnitten, die Knoblauchzehe wird geschält und in Scheiben geschnitten. Die Chilischote wird halbiert, die Trennwände und die Kerne werden entfernt, die Chili wird in kleine Würfel geschnitten. Der Essig wird mit den vorbereiteten Zutaten sowie dem Salz aufgekocht. Der abgekühlte Sud wird auf die Eier gegeben und das Glas verschlossen. Nach einer Ruhezeit von 2 Tagen sind die Soleier genussfertig und halten sich etwa 1 Woche.

Obst haltbar machen –
Lecker ins Glas

Auch vollreifes, aromatisches Obst kann leicht konserviert werden. Zwar denkt man in erster Linie an Einlegen in Zuckersud, aber auch pikante Varianten haben ihren Reiz. Natürlich ist auch das Konservieren in Alkohol eine besondere Möglichkeit, sich länger an den Früchten des Sommers zu erfreuen.

▶ Kirschen

1 kg	Schattenmorellen
400 ml	Rotwein
350 ml	Rotweinessig
800 g	Zucker
1 EL	rote Beeren
1 TL	schwarze Pfefferkörner
1 TL	Szechuanpfeffer
1	Zimtstange
2	Lorbeerblätter
1	Prise gemahlene Muskatnuss
2 Msp.	Orangenschalenabrieb

Die Schattenmorellen werden gewaschen, entstielt, mit einer spitzen Nadel rundherum eingestochen und in eine große Schüssel gegeben. Der Rotwein wird mit dem Essig, dem Zucker, den roten Beeren, beiden Pfeffersorten, der Zimtstange, den Lorbeerblättern, der Muskatnuss und dem Orangenschalenabrieb aufgekocht und über die Kirschen gegeben. Die Schüssel wird abgedeckt über Nacht in den Kühlschrank gestellt. Am nächsten Tag werden die Kirschen in ein Sieb abgegossen und mit den Gewürzen in heiß ausgespülte Schraubgläser verteilt. Der Sud wird aufgekocht und heiß über die Kirschen gegeben. Die verschlossenen Gläser sind etwa 3 Monate haltbar.

▶ Zwetschgen

1 kg	Zwetschgen
500 ml	Wasser
230 g	Zucker

Die Zwetschgen werden gewaschen, halbiert und entsteint. Sie werden in heiß ausgespülte Schraubgläser verteilt. Das Wasser wird mit dem Zucker aufgekocht und etwas abgekühlt in die Gläser verteilt. Die Zwetschgen sollten bedeckt sein, aber bis zum Glasrand sollten noch 2 cm frei bleiben. Zum Einkochen werden die Gläser in einen großen Topf gestellt, der mit heißem Wasser gefüllt wird. Die Gläser sollten zu drei Vierteln im Wasser stehen. Der Topf samt Inhalt wird auf dem

Herd bis 90°C erhitzt und 30 Minuten bei dieser Temperatur gehalten.
Nach der Einkochzeit werden die Gläser vorsichtig aus dem heißen
Wasserbad genommen und zwischen Handtüchern auf einem Gitter
abkühlen gelassen. Die Deckel sollten im kalten Zustand alle nach
innen gewölbt sein, dann war der Einkochprozess erfolgreich und die
Zwetschgen sind etwa 1 Jahr haltbar.

▶ Birnen

1,5 l	Wasser
200 ml	Weißwein
1	Bio-Zitrone
1,5 kg	Birnen
1	Zimtstange
1	Stück (etwa 1 cm) Ingwer

Das Wasser wird mit Wein, Zitronensaft und Zitronenschale aufgekocht. Die Birnen werden geschält, geviertelt, entkernt und in heiß
ausgespülte Schraubgläser verteilt. In jedes Glas kommt ein Stück
Zimtstange und ein Stück Ingwer, der Sud wird in die Gläser verteilt.
Die Birnen sollten bedeckt sein, aber bis zum Glasrand sollten noch
2 cm frei bleiben. Zum Einkochen werden die Gläser in einen großen
Topf gestellt, der mit heißem Wasser gefüllt wird. Die Gläser sollten
zu drei Vierteln im Wasser stehen. Der Topf samt Inhalt wird auf dem
Herd bis 90°C erhitzt und 30 Minuten bei dieser Temperatur gehalten.
Nach der Einkochzeit werden die Gläser vorsichtig aus dem heißen
Wasserbad genommen und zwischen Handtüchern auf einem Gitter
abkühlen gelassen. Die Deckel sollten im kalten Zustand alle nach
innen gewölbt sein, dann war der Einkochprozess erfolgreich und die
Birnen sind etwa 1 Jahr haltbar.

▶ Äpfel

800 g Äpfel
60 ml Zitronensaft
50 ml Apfelsaft
50 g brauner Rohrzucker
½–1 TL gemahlener Zimt
1 TL Vanillepaste (s. S. 46)
1 Prise Salz

Die Äpfel werden gewaschen, Stiel, Blütenansatz und Kerngehäuse werden entfernt. Die Äpfel werden in Stücke geschnitten, mit dem Zitronen- und dem Apfelsaft, dem Zucker, dem Zimt, der Vanillepaste und dem Salz in einem Topf auf dem Herd 15 Minuten gekocht. Die Masse kann nun stückig bleiben oder sie wird püriert und in heiß ausgespülte Schraubgläser gefüllt und verschlossen. So ist sie 3 Monate haltbar. Wird sie zusätzlich eingekocht, verlängert sich die Haltbarkeit auf 3 Jahre.

▶ Rumtopf

500 g Pflaumen
500 g Aprikosen
500 g Pfirsiche
1½ l Rum
2 Zimtstangen
2 Stück Sternanis
600 g Zucker

Die Pflaumen werden gewaschen, halbiert und entkernt. Die Aprikosen werden 1 Minute in kochendem Wasser gebrüht, damit die Haut abgezogen werden kann. Die Aprikosen werden halbiert und entkernt. Die Pfirsiche werden ebenfalls 1 Minute in kochendem Wasser gebrüht und gehäutet. Die Pfirsiche werden geviertelt und entkernt. Das vorbereitete Obst wird gleichmäßig in heiß ausgespülte Schraubgläser verteilt. In jedes Glas wird ein Stück Zimtstange und ein Stück Sternanis gegeben. Der Rum wird mit dem Zucker aufgekocht und in die Gläser verteilt. Nach 1 Monat ist der Rumtopf genussreif, er ist 3 Monate haltbar.

▶ Aufgesetzter

500 g rote und schwarze Johannisbeeren
250 g brauner Kandiszucker
700 ml Korn

Die Johannisbeeren werden gewaschen und von den Rispen gestreift. Sie werden mit dem Kandiszucker in ein großes, verschließbares Glas gegeben und mit dem Korn aufgesetzt. Nun darf der Aufgesetzte reifen, in dieser Zeit sollte er ab und zu durchgeschüttelt werden. Nach 2 Monaten ist er genussreif, wird aber mit der Zeit immer besser.

Süße Erfrischungen –
Frisch und fruchtig

Unser Körper besteht zu einem Großteil aus Wasser, es ist Transportmittel und hält uns beweglich. Ausreichend zu trinken ist also wichtig für unsere Gesundheit. Neben Wasser sind Säfte und Saftschorlen eine willkommene Abwechslung. Für eine leckere Schorle wird ein Drittel Saft mit zwei Dritteln Mineralwasser gemischt, das erfrischt und belebt. Und hier sind einige Ideen für Säfte, die auch als Grundlage für Sirup oder Gelee dienen können.

▶ Johannisbeersaft

Zum Heißentsaften gibt es spezielle Dampfentsafter, wer aber nur selten und wenig entsaftet, für den lohnt sich diese Anschaffung nicht. So kommt man dennoch an seinen Saft:

- **1 kg** rote Johannisbeeren
- **200 ml** Wasser

Die Johannisbeeren werden gewaschen, entstielt und mit dem Wasser in einen großen Topf auf den Herd gegeben. Johannisbeeren schäumen recht stark, deshalb ist es wichtig, einen großen Topf zu verwenden. Der Deckel sollte gut schließen, damit die Aromen im Topf bleiben. Sie werden auf höchster Stufe schnell zum Kochen gebracht und 5 Minuten sprudelnd gekocht, dabei werden die Zellwände zerstört und der Saft tritt aus. Die Johannisbeeren können püriert werden, um die Saftausbeute noch zu erhöhen. Der Topfinhalt wird über Nacht in ein, mit einem sauberen Tuch ausgelegtes, feines Sieb zum Abtropfen gegeben. Das Fruchtmus kann am nächsten Tag noch ausgepresst werden, dann hat man die höchstmögliche Ausbeute.

▶ Quittensaft

3 kg	Quitten
1 l	Wasser
	Saft von 1 Zitrone

Die Quitten werden mit einem Tuch vom Flaum befreit und mit einem großen Messer in Stücke geschnitten. Stiel- und Blütenansatz werden dabei entfernt, Schale und Kerngehäuse werden mitverwendet. Die Quittenstücke werden zusammen mit dem Wasser und dem Zitronensaft in einem großen Topf auf dem Herd für 1½ Stunden geköchelt. Anschließend zieht die Mischung weitere 2–4 Stunden im Topf, bevor sie in einem mit einem Tuch ausgelegten Sieb über Nacht abtropfen darf. Hier will gut Ding Weile haben, denn durch das langsame Abtropfen bleibt der Quittensaft klar, hilft man nach, wird er trüb. Die Quittenmasse aus dem Tuch wird püriert und durch ein feines Sieb passiert, sie kann zu Quittenmarmelade (s. S. 74) weiterverarbeitet werden.

▶ Holundersirup

1 kg	Holunderbeeren
200 ml	Wasser
1	Vanilleschote
½	Bio-Zitrone
500 g	Zucker
1	Zimtstange
1	Stück Sternanis

Süße Erfrischungen

Die Holunderdolden werden gewaschen, entstielt und mit dem Wasser in einen großen Topf auf den Herd gegeben. Der Deckel sollte gut schließen, damit die Aromen im Topf bleiben. Sie werden auf höchster Stufe schnell zum Kochen gebracht und 5 Minuten sprudelnd gekocht, dabei werden die Zellwände zerstört und der Saft tritt aus. Die Holundermasse wird durch ein feines Sieb passiert oder durch die flotte Lotte gedreht.

Die Vanilleschote wird halbiert und das Mark ausgekratzt. Die Zitronenhälfte wird geschält – dabei möglichst wenig von der weißen Haut mitschälen, denn sie ist bitter – und ausgepresst. Das Vanillemark wird mit der -schote, dem Zitronensaft und der -schale, dem Holundermus, dem Zucker, der Zimtstange und dem Sternanis in einem großen Topf auf dem Herd aufgekocht und für 10 Minuten ohne Deckel geköchelt. Der Ansatz wird abgedeckt, über Nacht ziehen gelassen und am nächsten Tag durch ein feines Sieb gefiltert. Der Sirup wird erneut aufgekocht und in eine heiß ausgespülte Flasche gefüllt, er ist etwa 1 Jahr haltbar.

▶ Zitronensirup

5	Bio-Zitronen
250 ml	Wasser
220 g	Zucker

Die Zitronen werden heiß abgewaschen, die Schale wird abgeschält, dabei möglichst wenig von der weißen Haut mitschälen, denn sie ist bitter. Die Zitronen werden ausgepresst. Der Zitronensaft wird mit den Zitronenschalen, dem Wasser und dem Zucker in einem großen Topf auf dem Herd ohne Deckel 10 Minuten geköchelt. Die Zitronenschalen werden herausgefischt und der Zitronensirup wird in heiß ausgespülte Flaschen abgefüllt. Er kann auch durch ein feines Sieb gefiltert werden und ist etwa 1 Jahr haltbar.

▶ Granatapfelsirup

Der Granatapfel gilt als Symbol der Macht und Speise der Götter, daran hätte man doch gerne einen Anteil. Dieses Privileg will allerdings verdient sein, es ist etwas aufwendiger an die saftreichen Kerne zu gelangen, doch die Mühe lohnt sich.

5	Granatäpfel
100 g	Zucker
2 TL	Zitronensaft

Die Schale der Granatäpfel wird angeschnitten und die Hälften mit einer drehenden Bewegung voneinander getrennt. Die Kerne sitzen in einzelnen Kompartimenten zusammen, diese gilt es zu sammeln. Die weißen Trennhäute sollten dabei möglichst entfernt werden, denn sie schmecken bitter. Man kann das Auslösen der Kerne auch in einer großen mit Wasser gefüllten Schüssel erledigen, dann schwimmen die Trennhäute auf und können mit dem Wasser weggeschüttet werden. Die Kerne werden püriert und durch ein feines Sieb passiert, am einfachsten arbeitet man mit einer flotten Lotte. Der Saft wird mit dem Zucker und dem Zitronensaft in einen großen Topf gegeben, aufgekocht und für 1 Stunde ohne Deckel eingeköchelt. Der Granatapfelsirup wird in eine heiß ausgespülte Flasche abgefüllt, er ist etwa 6 Monate haltbar.

▶ Limonade

Gibt das Leben dir Zitronen, mach Limonade daraus – hier ist das Rezept:

3	Stängel Minze
1 EL	Stevia
2	Bio-Zitronen
500 ml	Mineralwasser

Von den Zitronen werden einige Streifen abgeschält, darauf achten, möglichst wenig von der weißen Schale abzuschälen, denn sie ist bitter. Die Minzblätter mit den Zitronenschalenstreifen und Stevia in einem Krug mit der Unterseite einer Suppenkelle zerdrücken. Die Zitronen auspressen und den Saft nach 10 Minuten zur angepressten Minze geben. Mit dem Mineralwasser auffüllen und zisch, alles wird gut.

▶ Brausepulver

1 EL	Natron
1 EL	Zitronensäure
1 EL	Puderzucker, falls gewünscht

Die Zutaten werden in einem Schraubglas miteinander geschüttelt, fertig! Ein Teelöffel bringt 250 ml kalten Kräutertee zum Sprudeln, das ist der Sommerspaß überhaupt!

Süße Erfrischungen

Teemischungen –
Abwarten und Teetrinken

Eine kleine Auszeit am Tag ist so wichtig und wertvoll, man sollte es sich wert sein, sich dazu ein besonderes Getränk zuzubereiten. Das kann wie ein kleiner Urlaub sein und füllt die Batterien wieder auf.

▶ Chai Tee

1	Stück (etwa 2 cm) Ingwer
1	Zimtstange
5	Kardamomkapseln
4	Gewürznelken
1 EL	Fenchelsamen
2 TL	Anissamen
1 l	Wasser
3	Teebeutel Schwarztee
250 ml	Milch

Der Ingwer wird geschält und fein gehackt, die Zimtstange, die Kardamomkapseln, die Gewürznelken, die Fenchel- und Anissamen werden mit dem Messerrücken angepresst. Die vorbereiteten Zutaten werden in einem Topf auf dem Herd bei mittlerer Hitze angeröstet bis sie duften. Das Wasser wird dazu gegossen und zum Kochen gebracht. Der Sud wird im geschlossenen Topf 5 Minuten geköchelt, dann werden die Teebeutel weitere 5 Minuten im heißen Gewürzsud ziehen gelassen, bevor die Milch dazugegeben wird. Nach 15 Minuten wird der Chai durch ein Sieb gegossen. Nach Wunsch kann er gesüßt werden.

▶ Frischer Minztee

Eine erfrischende Wohltat auch fürs Auge ist ein Tee aus frischer Pfefferminze. Am schönsten kommt er zur Geltung, wenn er in einem hitzebeständigen Glas serviert wird. Außerdem lindert das ätherische Öl Menthol, welches in der Pfefferminze enthalten ist, Kopfschmerzen, fördert die Durchblutung und kann entzündungshemmend wirken.

1–2 Stängel Pfefferminze
250 ml Wasser

Die Pfefferminze wird gewaschen und in einem Glas mit dem kochenden Wasser übergossen.

▶ Kräutertee

Den eigenen Kräutertee zu genießen ist gar nicht so aufwendig, es ist nur nötig, die Schätze aus Mutter Natur einzusammeln und zu trocknen. So kann man sich seine ganz persönliche, äußerst regionale, Teemischung zusammenstellen. Brombeerblätter, Brennnesselblätter und Birkenblätter sind meist überall reichlich zu finden und können im zeitigen Sommer gepflückt werden. Dabei sollte natürlich darauf geachtet werden, die Pflanzen nicht gänzlich zu räubern und auch nicht zu sehr zu verletzen. Beim Sammeln verwendet man am besten einen Korb oder einen Stoffbeutel, getrocknet werden können die Blätter ausgebreitet auf einem Gitter, an einem schattigen und warmen, aber luftigen Plätzchen. Wenn die Blätter rascheltrocken sind, werden sie am besten zunächst in einem Stoffbeutel aufbewahrt, damit die Restfeuchte entweichen kann und sie nicht schimmeln. Auf dieser Basis können im Laufe des Sommers weitere Schätze gesammelt werden, und zwar zum jeweils besten Zeitpunkt, meist ist das vor der Blüte. Einfach mal im Garten und beim Spaziergang umsehen, was da so wächst, beispielsweise Löwenzahn, Gänseblümchen, Kornblumen, Rosen, Ringelblumen, Schafgarbe, Zitronenmelisse, Hagebutten – die Liste lässt sich beliebig erweitern.

▶ Apfeltee

1	Scheibe getrockneter, ungeschwefelter Apfel
200 ml	Wasser
1	Prise Zimt

Die Apfelscheibe wird mit dem kochenden Wasser übergossen und mit Zimt und eventuell Honig gewürzt. Wer möchte, trocknet im Herbst einfach anfallende Apfelschalen für den Apfeltee, das ist die perfekte Resteverwertung.

▶ Salbeitee

Salbeiblätter werden am besten im Juni/Juli geerntet, sie werden wegen ihres herben Geschmacks am besten einzeln aufgebrüht. Getrocknet werden können sie auch als überkopf aufgehängtes Sträußchen. Salbeitee tut gut bei Erkältung und Atemwegserkrankungen, aber auch bei Stress oder Magenschmerzen kann ein frisch aufgebrühter Salbeitee eine wohltuende Wirkung haben.

3–5	frische Salbeiblätter oder
5–7	getrocknete Salbeiblätter
200 ml	Wasser

Die Salbeiblätter werden mit dem heißen, nicht mehr kochenden Wasser, übergossen und 10 Minuten ziehen gelassen.

▶ Zitronen-Ingwer-Tee

- ¼ Bio-Zitrone
- 1 Stück (etwa 1 cm) Ingwer
- **250 ml** Wasser

Die Zitrone wird geschält, dabei darauf achten, dass nicht zu viel von der weißen Haut mitgeschält wird, denn sie ist bitter. Der Ingwer wird geschält und in Scheiben geschnitten. Die Zitronenschale und die Ingwerscheiben werden mit kochendem Wasser übergossen und mindestens 7 Minuten ziehen gelassen. Je nach Geschmack kann das Zitronenviertel in den Tee gepresst werden.

▶ Ingwershot

Ingwer ist der Booster für das Immunsystem und Ingwershots sind deshalb sehr in Mode. Wir machen sie nachhaltiger und preiswerter selbst.

- 1 Stück (etwa 1 cm) Ingwer
- ½ Bio-Zitrone
- **1 TL** Agavendicksaft
- **50 ml** Apfel- oder Multivitaminsaft

Der Ingwer wird geschält und kleingeschnitten, die Zitrone wird ausgepresst. Die Ingwerstücke werden mit dem Zitronensaft püriert und in einem feinen Sieb abtropfen gelassen. Der Ingwershot wird mit dem Agavendicksaft gesüßt und mit dem Saft aufgefüllt. Man kann auch gleich die Portion für eine ganze Woche zubereiten und den Saft jeweils erst vor dem Verzehr hinzufügen.

Teemischungen

Und wenn es doch lieber ein Kaffee sein soll, gibt es auch dafür eine selbst gemachte, individuelle Lösung.

▶ Cappuccinopulver

100 g	gefrorene Schokolade
90 g	Milchpulver
50 g	brauner Zucker
20 g	löslicher Kaffee
1 EL	Vanillezucker
1 Msp.	gemahlener Kardamom

Die Schokolade wird für mindestens 4 Stunden ins Tiefkühlfach gelegt. Die gefrorene Schokolade wird fein gerieben und in einem Schraubglas mit dem Milchpulver, dem Zucker, dem Kaffee, dem Vanillezucker und dem Kardamom gemischt. Für einen schnellen Cappuccino werden 3 gehäufte Teelöffel Cappuccinopulver mit 200 ml heißem Wasser übergossen und gründlich verrührt.

Teemischungen

Kultrezepte
Unsere Lieblinge der 60er, 70er und 80er Jahre

„So wie früher!"

Lecker gekocht und gegessen wurde schon immer. Und war es nicht vielleicht früher manchmal noch leckerer?

Jedes Jahrzehnt hat seine eigenen unvergesslichen Erinnerungen und seine ganz besonderen Reize. Ob Toast Hawaii aus den 60ern, Coq au Vin aus den 70ern oder die Matschbrötchen der 80er – die richtigen Gerichte transportieren uns zurück in schöne Tage unserer Kindheit und Jugend, und schmecken gleichzeitig auch heute noch so gut wie vor 40, 50 oder 60 Jahren.

Nostalgisches Kochen ist angesagter denn je und geht immer! Manchmal braucht es authentische Speisen für eine Mottoparty, manchmal möchte man für sich in Erinnerungen schwelgen – oder auch den Kids einfach mal zeigen, was man früher gerne gegessen hat.

Es erwartet Sie ein kulinarischer Streifzug durch drei turbulente, vor allem aber leckere Jahrzehnte – reich bebildert und liebevoll kommentiert.

ISBN: 978-3-96058-355-4, 192 Seiten, Format: 17 x 24,5 cm, Hardcover, durchgehend farbig bebildert, 9,99 €